BIOGRAPHIC
SHAKESPEARE

莎士比亚传

[英] 维夫 · 克鲁特　著
许蔚　译

江西美術出版社
全国百佳出版单位

莎士比亚传

[英] 维夫·克鲁特　著
许蔚　译

图书在版编目（CIP）数据

莎士比亚传 / (英) 维夫·克鲁特(Viv Croot) 著；许蔚译. -- 南昌：江西美术出版社, 2018.11
ISBN 978-7-5480-6252-3

Ⅰ. ①莎… Ⅱ. ①维… ②许… Ⅲ. ①莎士比亚(Shakespeare, William 1564-1616) - 传记 Ⅳ.①K835.615.6

中国版本图书馆CIP数据核字(2018)第196776号

Biographic Shakespeare

by Viv Croot

出 品 人 \ 周建森
策　　划 \ 李国强
责任编辑 \ 李国强
书籍设计 \ 韩　超
责任印制 \ 谭　勋

出　　版 \ 江西美术出版社
社　　址 \ 南昌市子安路66号
网　　址 \ www.jxfinearts.com
电　　话 \ 0791-86566329
邮　　编 \ 330025
经　　销 \ 全国新华书店
印　　刷 \ 浙江海虹彩色印务有限公司
版　　次 \ 2018年11月第1版
印　　次 \ 2018年11月第1次印刷
开　　本 \ 889×1194　1/32
印　　张 \ 3
ISBN 978-7-5480-6252-3
定　　价 \ 45.00元

目录

标志性

当我们可以通过一系列标志性图像辨识出一位作家时，我们也就知道了他对我们文化和思想的影响到底有多深。

介绍

世人以为艺术家皆为饱受折磨之天才，不过有关莎士比亚的一切（除了他卑微的人生开端），都与这种传奇式人物相左。众所周知，他的作品在他的有生之年没有被曲解误读；他没有为了获得承认或赞助而不得不竭力打拼；他离开人世时之所以毫不差钱得益于他对自己的投资以及买下的“宫内大臣剧团”（在詹姆斯一世即位之后改名为“国王剧团”）的股票——剧团有自己的剧院，自己的公司以及自己排练的戏剧。他在伦敦和老家斯特拉福都投资了房地产。他是一个手段高明的逃税者（尽管被抓到了几次——法院还留有他在1599年和1600年欠国库钱的记录）。他去世的时候宽裕到足够为他的家人、朋友和斯特拉福的穷人慷慨解囊。

不仅如此，他既没有死得惊心动魄（就像克里斯托弗·马洛那样），也没有死在穷困潦倒中（就像其他那些为数众多的剧作家那样）。他活了52个年头，在那个时代算是寿终正寝。关键是他知道自己的作品被搬上舞台，被喜爱，欣赏并且得到充分理解。直到如今，他不仅没有被世人遗忘或过时，反而是全世界最受欢迎且剧本被搬上舞台或荧幕最多的戏剧家之一。

事情怎么就会如此一帆风顺呢？

你可能会说他真是太走运了。他在合适的时间里带着一身恰到好处的才能出生在合适的地方，真可谓是占尽天时地利人和。16世纪，文艺复兴的曙光照射到英国，而且正巧体现在文学中——特别是诗歌、戏剧和音乐——满腔热忱的君主和贵族们都很乐意对此大力赞助。戏剧不算是新玩意，但是用戏剧来表达人文主义思想确实焕然一新。莎士比亚展示了把人性放置在舞台中央的才华和天资，在我们所有的难免带着瑕疵的荣耀中展示我们自己，与普遍的主题和情感角力。

> “对他的赞美之词总是远远多于对他的宽恕之声。”
>
> ——本·琼生《发现》，1630年

没有出自莎士比亚之口的名言警句，不然我们就此可以窥视他的生活信条或是他之所以会如此行事的缘由。唯一被记录下来的莎士比亚的只言片语是一篇堪称无聊的违约案件的文字整理稿，他是此案的一个证人。这当然算不上是文采斐然。他是一个谜团，一个藏在大家眼皮底下的世界级天才。我们有他所有（几乎所有）的作品，但是对他却知之甚少。我们甚至不知道他究竟长什么样子。

莎士比亚看起来就像是不知道从哪儿突然冒出来似的。1564年他出生在埃文河畔斯特拉福一个制作手套和皮革的商人之家，1582年他与安妮·海瑟薇结婚以及他的三个孩子的出生的记录还在。1585年他的双胞胎孩子出生，而这也是我们所知道的有关他的最后的确凿证据。直到1592年罗伯特·格林提到的“震撼舞台”（“Shake-Scene”）煞风景（译者注：影射莎士比亚的名字Shake-speare “挥舞长矛”），以及更为可靠的莎士比亚的亲笔题献，他把自己1593年的诗《维纳斯和阿多尼斯》献给了赞助人南安普敦伯爵。

那么，这九年到底发生了什么？没人知道。他可能去做家庭教师，到皇后剧团当演员，或者在伦敦当马夫、屠夫甚至士兵。当然这一切都是猜测。不过一旦他开始写作，他就以斯达汉诺夫（译者注：前苏联工人，以勤劳著称）式的工作狂速度持续工作。他在23年创作生涯中总共写出了37部剧作（也许不止），154首十四行诗以及2首叙事诗。

“他下笔如有神助，觉得自己手握生花妙笔，而我们确实从未发现他的稿纸上有修改过的痕迹。”

——约翰·海明斯和亨利·康德尔在《第一对开本》中名为“致广大读者”的献词，1623年

“诗人是天生的，不是炼成的。当需要证明这条真理时，我就会愉快地想起永不过时的莎士比亚。他一人就足以证明此话不虚。”

——伦纳德·迪格斯，《论已故大师莎士比亚和他的诗》，1640年

莎士比亚深受赞助人、观众以及参演他所写剧作演员的推崇。他的作品如此受欢迎，以至于那些没有节操的出版商把他的签名印在其他人的作品上。因为他们知道莎士比亚这个招牌会大卖。1660年在他故去四十多年之后查理二世复辟，剧院重新开张，《奥赛罗》是第一批上演的剧作之一。

不过，对莎士比亚的崇拜，把他当作一个完美的天才来崇拜实际上是19世纪才风行起来的现象。此风愈演愈烈以至于开始出现反弹——莎士比亚的否定者。一个沃里克郡手套商的儿子怎么可能写出这种不朽的诗篇？当然，他绝不可能做得到——所以，一定是某个贵族，一个更高级的剧作家，或者是用一个二流演员（译者注：莎士比亚）来打掩护，其实是超强大脑们通力合作，甚至是塞万提斯完成了这些巨作。争论仍在进行，当然只是“损神耗精，浪费”笔墨而已（见十四行诗129；译者注：原文是“愧怍”不是“笔墨”）。绝大多数莎士比亚研究者认为莎剧确实是莎翁所写——当然离不开某些朋友的帮助——而所有的证据、题献以及他的朋友和同事们在他去世时的激赏颂词都是明证。

如今，莎士比亚受欢迎的程度前所未有。他的作品被翻译成超过80种语言（包括克林贡语——《星际迷航》中的虚拟语言——和洋泾浜语）。受其启发而出版的著作，拍出的电影，排演的戏剧，音乐剧以及游戏等数不胜数。《哈姆雷特》是世界上演出最多的剧本——据说每一天中的每一分钟都有地方在排演。他的遣词用字仍然活在我们的言语中。

威廉·莎士比亚

01
生活

“他不是只属于某个世纪，而是属于所有时代！他的出现就像阿波罗温暖了我们的耳朵，又像神使墨丘利使我们着魔，所有的缪斯们都还在他们的全盛期！”

——本·琼生，对他的朋友及对手威廉·莎士比亚不吝赞美之词，1623年

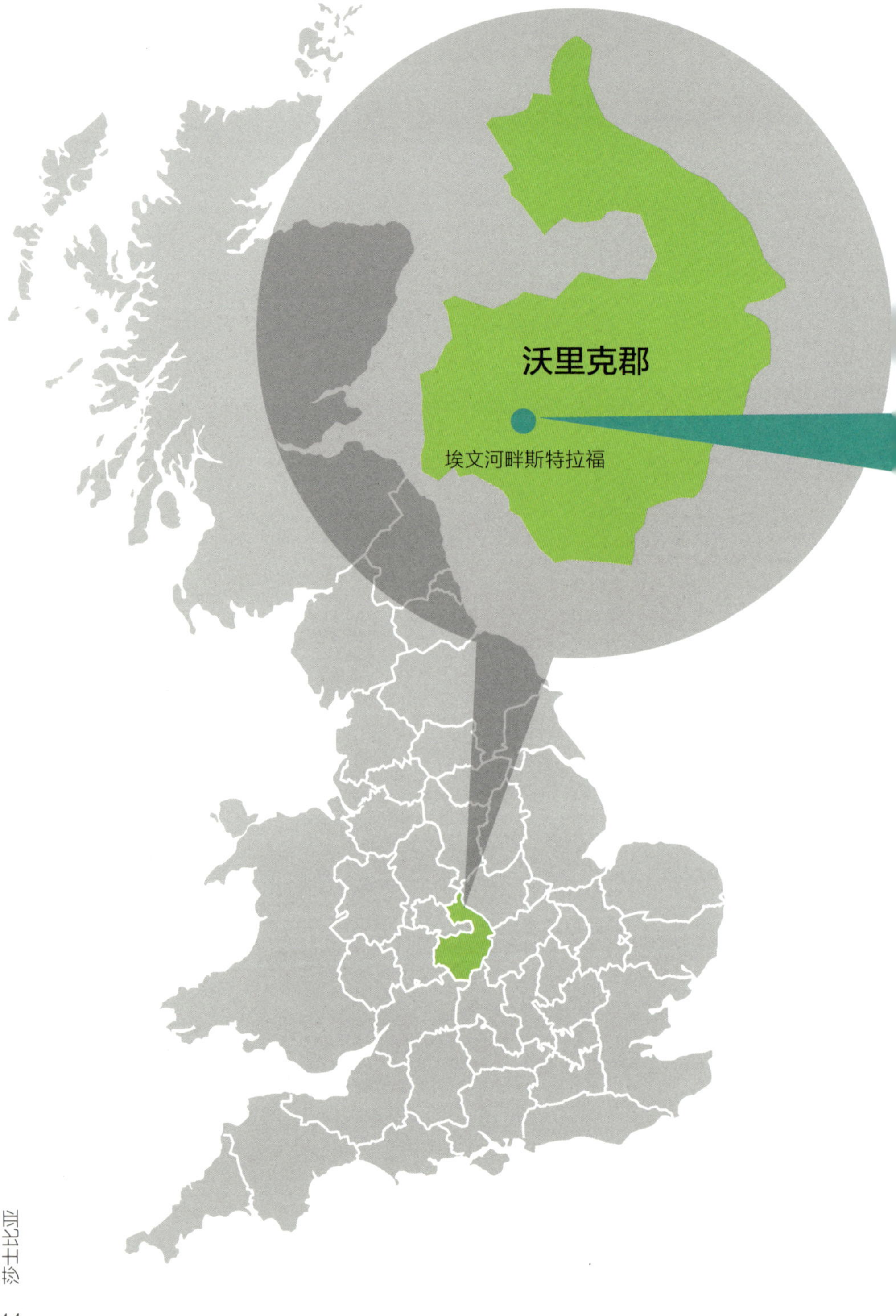
沃里克郡
埃文河畔斯特拉福

亨利街的房子，
据说威廉·莎士比亚
就出生在这里

威廉·莎士比亚

**威廉·莎士比亚大致出生在1564年4月23日
英格兰沃里克郡的埃文河畔的斯特拉福。**

威廉·莎士比亚是手套商约翰·莎士比亚和妻子玛丽·阿登8个孩子中的第三个，玛丽比约翰门第更高，是小乡绅的女儿。威廉·莎士比亚受洗于4月26日，所以他很可能出生在3天前，也就是4月23日，逝于52年后的同一天。小威廉在国王新学校中接受了填鸭式的古典教育，但是没上大学。18岁时，他与安妮·海瑟薇结婚。25岁时，他们就有了3个孩子。大约在1585年和1592年之间，他开始了演员和剧作家的职业生涯。

也出生在这一年:
克里斯托弗·马洛
(1564-1593)，是莎士比亚的朋友，
也是与之旗鼓相当的剧作家
和所谓的间谍

比萨

伽利略·伽利莱生于比萨，是天文学家、物理学家、工程师以及饱受争议的日心说辩护者。

罗马

米开朗基罗·博纳罗蒂，文艺复兴巨人，88岁逝于罗马。

特兰托

经过18年的慎重研究，特伦特会议宣布了裁定，这是针对新教运动而起的天主教会改革。

1564 年的世界

莎士比亚正好出生在文艺复兴的思想观念和价值观念深入人心之时，而工业革命虽然依稀可见，却还只是遥远的一抹微光。世界因为个别国家的扩张而变小了。在英格兰，都铎王朝的最后一个君主伊丽莎白严加控制管理有方，未来充满希望。这就为艺术——特别是文学——的勃兴奠定了基础。

七月 八月 九月 十月 十一月 十二月

普利茅斯

海军上将约翰·霍金斯爵士离开普利茅斯去往新大陆，为打破西班牙对奴隶贸易的垄断而开启他的第二次高利润的航行。

伦敦

罗伯特·杜德利是伊丽莎白一世的最爱之一，也是极有潜力的追求者，最后成为第一代莱切斯特伯爵和英格兰最大的土地所有者。

扎金索斯

安德雷亚斯·维萨里（安德里斯·凡·维塞尔）现代解剖学之父，于爱奥尼亚海扎金索斯遇海难去世。

特鲁瓦

英格兰和法国签订了特鲁瓦和平协议，两国也达成了贸易自由协定。

日内瓦

约翰·加文，宗教改革家和新教改革运动的中流砥柱，55岁逝于日内瓦。

约翰·莎士比亚（1531-1601）
玛丽·阿登（约1537-1608）
结为夫妻
琼·莎士比亚（1558-未知）
玛格丽特·莎士比亚（1562-1563）
威廉·莎士比亚（1564-1616）
吉尔伯特·莎士比亚（1566-1612）
安妮·海瑟薇（1556-1623）
结为夫妻
朱迪斯·奎尼（1585-1662）
结为夫妻
托马斯·奎尼（1589-1662/3）
苏珊娜·霍尔（1583-1649）
结为夫妻
约翰·霍尔（1575-1635）
哈姆奈特·莎士比亚（1585-1596）
伊丽莎白·霍尔（1608-1670）

出乎其类，拔乎其萃！

威廉是莎士比亚家族谱系中一朵绝无仅有的奇葩，一只亭亭玉立于鸡群之鹤。他的父母和祖父母都来自受人尊敬的自耕农家族，他们之中从来没有人出生或成长在埃文河畔斯特拉福20英里（32公里）以外。他的父亲约翰是一个手套商和皮革匠。他的弟弟吉尔伯特是个卖服装的，他的妹妹琼嫁给了一个卖帽子的。威廉之前没有一个人表现出任何文学或戏剧的天赋，他的子孙后代当中也没有人再寄身翰墨。

莎士比亚的人生“七阶”

除了重大事件，关于莎士比亚的人生人们所知甚少——当然对那个时代而言这很平常——他是如何进入演艺界，又是如何挤出时间经营一个小型的地产王国，做一个全职演员（当然不是一流演员）同时写出了超过37本剧作（基本上一年3本）。没人知道离开学校之后他做了什么，也没人知道在斯特拉福的家庭生活和伦敦的单身汉生活之间是如何分配时间的。以下所述是我们确切知道的事情，以及可以被确定推测的事情。

1564

威廉·莎士比亚出生于4月23日。

1568

就读小学。读写学校

他父亲被选为斯特拉福的治安法官和市长，负责给巡回演出的戏剧演员发证。

1571

就读国王新语法学校，在校时间很长而且学习很辛苦。

1582

他与安妮·海瑟薇于11月27日结婚。

1583

他的女儿苏珊娜出生。

1585

莎士比亚的龙凤胎儿女哈姆奈特和朱迪斯出生。

1591–1592

罗伯特·格林称其为“扶摇直上的乌鸦”。

1592–1594

瘟疫导致剧院关张。

1594–1596

剧院重新开张，联合新成立的宫内大臣剧团，成为该公司及其剧院，即大剧院的股东。

1596

哈姆奈特早夭。

1597－1599

买下了斯特拉福的新居；“宫内大臣剧团”建起了“环球剧院”。

1600－1602

约翰·莎士比亚去世，威廉继承了他父亲在埃文河畔斯特拉福镇亨利街的房子。

1603

伊丽莎白一世去世，詹姆斯一世成为国王；“宫内大臣剧团”变身为“国王剧团”。

1603－1605

瘟疫再次肆虐。

1605

投资斯特拉福的什一税。

1607

弟弟埃德蒙死于27岁；女儿苏珊娜嫁给约翰·霍尔博士。

1608

孙女伊丽莎白出生；威廉的母亲玛丽去世。

国王剧团接管第一个封闭的公共剧院——黑衣修士剧院，

1608－1610

更多瘟疫。

1609

第一本十四行诗集出版。

1612－1613

完成“失而复得”剧本《卡丹纽的历史》。

买下了黑衣修士门楼屋作为投资。

1613

6月29日，在上演《亨利五世》时环球剧院被烧毁。

1614

重建环球剧院。

女儿朱迪斯嫁给了托马斯·奎尼。

1616

莎士比亚逝于4月23日，葬于埃文河畔斯特拉福的圣三一教堂。

1623

安妮·海瑟薇去世；第一本对开本面世（内含36个剧本）

伦敦生活！

莎士比亚基本上就是一个精明的上班族。从1587年直到1610年左右，他居住在伦敦周围各式各样的公寓里，但是他的主要居所一直是斯特拉福，这样做从纳税而言更节省。应家庭和生意之需，他一年至少回一次斯特拉福呆上几周（一般是四旬斋期间，剧院关闭之时）。以下你将看到的是他居住和工作过的地方。

关键词　大事　居所　工作地点

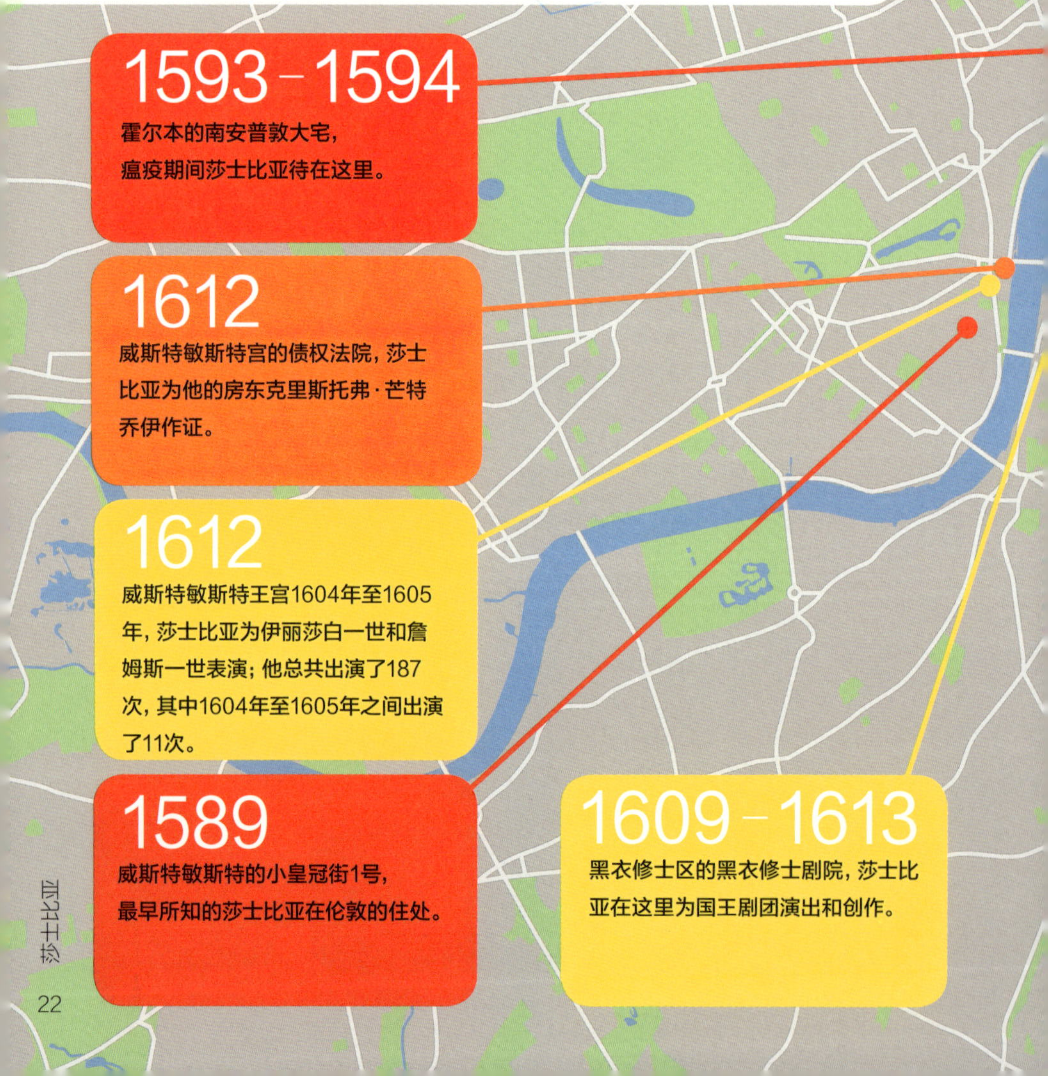

1593－1594

霍尔本的南安普敦大宅，瘟疫期间莎士比亚待在这里。

1612

威斯特敏斯特宫的债权法院，莎士比亚为他的房东克里斯托弗·芒特乔伊作证。

1612

威斯特敏斯特王宫1604年至1605年，莎士比亚为伊丽莎白一世和詹姆斯一世表演；他总共出演了187次，其中1604年至1605年之间出演了11次。

1589

威斯特敏斯特的小皇冠街1号，最早所知的莎士比亚在伦敦的住处。

1609－1613

黑衣修士区的黑衣修士剧院，莎士比亚在这里为国王剧团演出和创作。

1594－1597
肖尔迪奇的大戏院，莎士比亚在这里为宫内大臣剧团演出和创作。
1597－1599
肖尔迪奇的帷幔剧院，莎士比亚为宫内大臣剧团演出和创作。
1604
跛子门区的银街，莎士比亚与一对胡格诺教徒夫妇租住在这里。
1596
主教门大街的圣海伦教区，莎士比亚为税务目的在该教区注册。
1613
圣安德鲁斯山黑衣修士东门楼，现如今的座舱酒店，莎士比亚花140镑买下了这座门楼，但从未在此居住过。
1599－1613
河畔街的环球剧院，莎士比亚为宫内大臣剧团和国王剧团演出和创作。
1598
萨瑟克区的克林克特区，威尔住在这个区，与在建的环球剧院很近。
1596
萨瑟克区的天鹅剧场，莎士比亚在天鹅剧场外参与了一场斗殴。
1607
萨瑟克区的圣玛丽·奥弗丽，威尔的弟弟埃德蒙葬在这里。
生活

丧子

1596年，11岁的哈姆奈特·莎士比亚夭亡，他是朱迪斯的双胞胎弟弟，莎士比亚的独子。莎士比亚那时在伦敦工作，处于事业的巅峰期。1595年莎士比亚在修改润色《仲夏夜之梦》《理查二世》和《罗密欧与朱丽叶》等几部剧作，还在创作十四行诗系列。哈姆奈特也许死于黑死病——瘟疫经常爆发——不过这不能确定。有人推测《约翰王》中康斯坦斯关于她儿子亚瑟的台词也许是莎士比亚丧子之痛的表达。

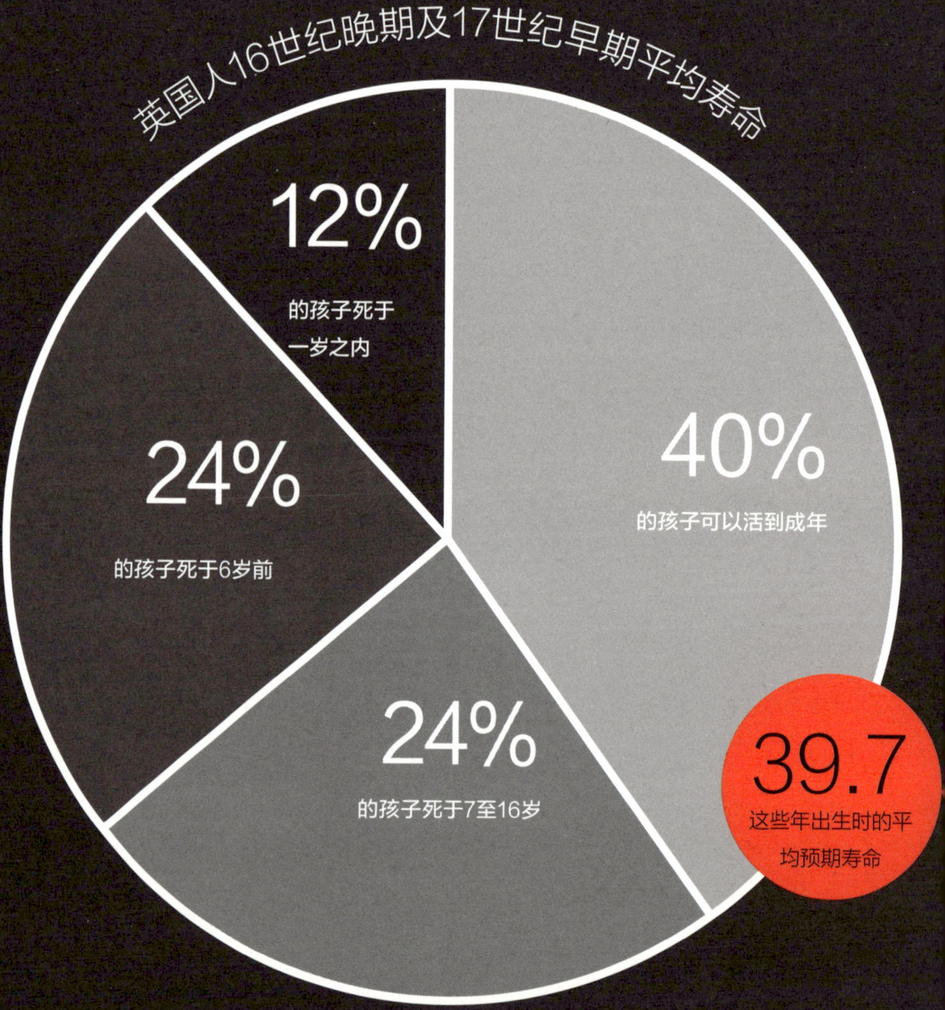

“若是愁苦能填补我的儿子的空缺，睡在他的床上，和我走来走去，露出一副他的可爱的样子，重复着他所说过的话，使我想起他的一切优点，以他的身形填起了他所遗留的服装；
那么，我就有理由喜欢愁苦？”

——《约翰王》第三幕第四景

瘟疫如何影响莎士比亚？

· 因为瘟疫，莎士比亚失去了他的妹妹玛格丽特、安妮和弟弟埃德蒙。

· 因为瘟疫剧院分别在1593年、1603年和1608年关闭。

· 1592年至1593年之间伦敦因为瘟疫而死的人数达10675人（那时的人口为200000人）

自学成才的“威”万富翁！

为艺术在阁楼里忍饥挨饿可不是莎士比亚的行事作风。除了写作有史以来最伟大的剧本和诗歌以外，他也是一个精明的商人、企业家以及狡猾的避税者。莎士比亚不仅在伦敦几个剧院登台演出，而且是几个剧院的股东之一，剧院收入按百分比抽成给他，而且他大多数的剧作都在这些剧院中上演。回到斯特拉福的家中，莎士比亚实施了包含地产、房产和什一税权在内的合理的投资组合策略。

福布斯估算莎士比亚的财产在2005年值

15000000美元

写作

10英镑

前21本剧本平均每本所得

20英镑

后16本剧本平均每本所得

1000英镑

来自于赞助人南安普顿伯爵

发表长诗和十四行诗所得金额不详

财产和投资

60英镑

买下有20居室的斯特拉福新居的花费

107英亩

位于旧斯特拉福的可耕种的土地

140英镑

买下黑衣修士门楼的花费

60英镑每年

埃文河畔斯特拉福什一税的收入

租金

来自埃文河畔斯特拉福的房屋收入

租金

来自伦敦艾克顿的房屋收入

10%

环球剧院的分红

?

黑衣修士剧院的分红不详

演戏及娱乐场所管理

200英镑每年

平均每年的演出收入（持续了16年）

把家庭住宅改造成梅登黑德酒吧租金收入

环球剧院和黑衣修士剧院票房及其他获利所得的分红

租金

把家庭住宅改造成梅登黑德酒吧租金收入

哪里有威尔，哪里就有遗嘱

莎士比亚去世时算是一个有钱人。他为家人（特别是为他的两个女儿）、斯特拉福的老朋友们以及伦敦那些剧院朋友们提供了非常谨慎和细致的财产分配。遗嘱最终完成于他去世前的一个月，1616年3月25日。把第二好的床赠送给妻子成为著名的公案，不过也许并不像看起来那么令人觉得被极大冒犯。这张床很可能是婚床（最好的床是留给客人们的），因此对她而言更舒适，且充满了对他们共同生活的深深回忆。作为妻子，安妮应该有权利住在自家房子里直到离开人世。

谁继承了什么……？

关键词　家人　朋友　其他人

托马斯·库姆
莎士比亚的剑

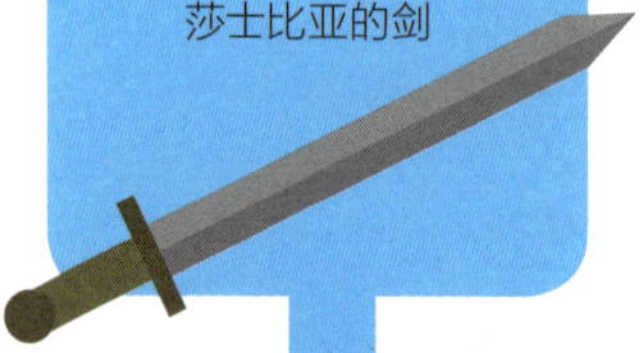

弗兰西斯·柯林斯
（莎士比亚的律师）
13英镑.6先令.8便士

斯特拉福的穷人
10英镑

哈姆奈特·萨德勒、威廉·雷诺兹、安东尼·纳希、约翰·纳希、理查德·伯比奇和亨利·康德尔分别获得……
1英镑.6先令.8便士
以便购买纪念戒指

威廉·沃克
（教子）
20先令金币

托马斯·拉塞尔 5英镑

你知道吗？

莎士比亚的遗嘱包括6个幸存的亲笔签名中的3个

安妮·海瑟薇

第二好的床以及与之配套的家具

琼·哈特（妹妹）

20英镑

莎士比亚的所有衣物。长期租赁亨里街房子，象征性地收取一年一先令。

如果朱迪斯在莎士比亚去世后活了3年，哈特可获得50英镑收入。

朱迪斯·奎尼（女儿）和托马斯·奎尼

100英镑

为嫁妆（她于2月结婚）。

50英镑

将罗英顿的房屋所有权转让给**苏珊娜**和**约翰·霍尔**。

150英镑

三年以后，如果托马斯不能提供100英镑的现金或是土地，**朱迪斯**或任何孩子可得150英镑。

一个银质镀金大碗。

苏珊娜·霍尔（女儿）和约翰·霍尔

新居（埃文河畔斯特拉福房产）旧斯特拉福的地产和田产。

黑衣修士门楼的分红。

遗产的剩余物。

伊丽莎白·霍尔（孙女）

100英镑

如果**朱迪斯·奎尼**在莎士比亚去世后活了3年。

除了银质镀金大碗以外所有的盘子

威廉·哈特、托马斯·哈特以及**迈克尔·哈特**（侄子们）

5英镑

值多少钱？

1616	5英镑	1先令	1便士	1英镑6先令8便士
2016	816英镑	8.16英镑	68便士	255.82英镑

s =十进制前货币先令

20 先令 = 1英镑(£)

d =十进制前货币便士

1先令 = 12 便士

晚安，亲爱的王子

莎士比亚于1616年4月25日下葬，我们推测他应该是死于他的可能生日，也就是2天前。他的死因是个谜团——高烧（很可能是伤寒）；梅毒的蹂躏；或者是与本·琼森和迈克尔·德雷顿一起饮酒过量等都被怀疑有可能是其死因。更可能的情况是他明白自己病重了，这也是他死前几个月就开始准备遗嘱的原因。那个把他带到坟墓里的原因仍然与他同在。

好朋友，看在耶稣分上，
莫要挖掘这里的墓葬。
全此碑石者老天保佑，
移我骸骨者要受诅咒。

威廉·莎士比亚

02
世界

“全世界

是
个舞台”

——杰奎斯，《皆大欢喜》第二幕，第七场

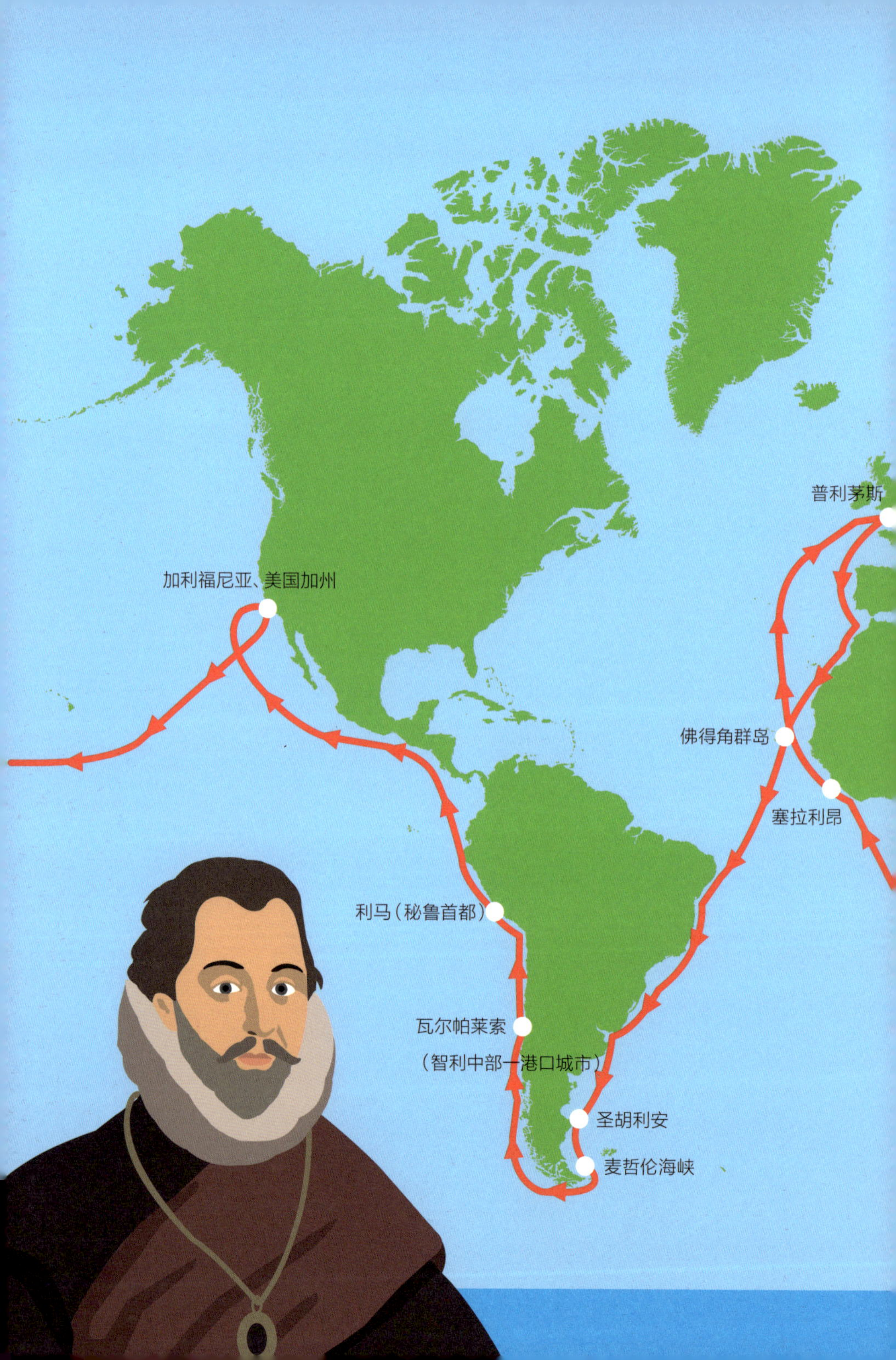

普利茅斯
加利福尼亚、美国加州
佛得角群岛
塞拉利昂
利马（秘鲁首都）
瓦尔帕莱索
（智利中部一港口城市）
圣胡利安
麦哲伦海峡

一根环绕地球的带子（海上之路）

莎士比亚出生在一个“勇敢新世界”。1577年，当威廉还是一个13岁的易受影响的孩子时，弗朗西斯·德瑞克听命于伊丽莎白一世的指挥，离开普利茅斯，目的是去环游世界。1580年他成功返回。1519—1522年，出生在葡萄牙的费迪南德·麦哲伦率领了第一次环球航行探险，不过半途被愤怒的菲律宾人杀害，他的船员们完成了航程。德瑞克第一个走完全程。这次冒险使得英国成为一个全球海洋强国以及世界贸易主要参与者。他一回国就被伊丽莎白授予骑士称号。

◀ **德瑞克的金鹿号航船**

有趣的时间点……

1577-1580
弗朗西斯·德瑞克环游全球。

1586
瓦尔特·罗里爵士带回了在罗诺克岛定居的殖民者。

1558
伊丽莎白一世成为王后。

1564
威廉·莎士比亚出生。

1562-1598 由于天主教徒迫害少数派胡格诺教徒，法国内战爆发。

1560 | 1570 | 1580

1561
弗朗西斯·培根出生，与笛卡尔一起发展了基于推理和可重复实验的科学方法。

1572
第谷·布拉赫观测到了仙后座的超新星。

1582
欧洲部分地区引入格里历，一夜之间10天时间不翼而飞。

1579
乌得勒支联盟；荷兰共和国成立，要求脱离西班牙独立。

1558-1559
重立英国国教会。

1568
荷兰反抗西班牙统治。

莎士比亚出生于激动人心的时代：一个新登基的女王；迟来但全面开花的文艺复兴；科学思维革命；宗教剧变；全球扩张以及战争的迫近。他活到世纪之交，见证了英国从都铎王朝到斯图亚特王朝的重大转变。自始至终，英语文学（剧本、诗歌、散文）的大爆发就像一面镜子照出了这个“勇敢新世界”。以下是这一期间发生的重大事件：

1587

苏格兰女王玛丽被处死。

1588

西班牙无敌舰队侵略英国，被弗朗西斯·德瑞克和天气击退。

590 | 1600 | 1610 | 1620

1600

伊丽莎白一世授予东印度公司特许状。

1603

3月24日伊丽莎白一世驾崩，詹姆斯一世登上王位。

1605

火药阴谋被挫败了。

1610

伽利略用望远镜发现了木星的四个卫星。

1611

詹姆斯国王钦定本在英国出版。

1618

欧洲三十年战争打响。

1618

瓦尔特·罗里爵士被处决。

1620

清教徒先辈在马萨诸塞州科德角着陆。

愿瘟疫降临到你们两家头上！

自从腺鼠疫（又称黑死病）14世纪蔓延到英国之后，就像波浪一样不时卷土重来袭击惊恐的民众。除了对付“地方性疾病”（疟疾）和“花柳病”（梅毒）以外，黑死病是另一种可怕的可致人死的疾病。除去其他影响，它对新兴的娱乐产业产生了毁灭性打击，因为每一次瘟疫爆发都导致剧院关门（以防止在人群中传染），导致剧团和剧作家失去收入。1592—1594年和1603—1605年的两次瘟疫大爆发是最可怕的，这导致了莎士比亚职业生涯的意外发展。

1564

埃文河畔的斯特拉福，4人中有1个死于瘟疫。新生儿威廉·莎士比亚活下来了。

瘟疫大爆发！

伊丽莎白一世的枢密院发布瘟疫禁令，并将禁令散布到全国各地。

1578-1579

1582

小范围爆发；在伦敦，6762人中的2976人有据可查是死于瘟疫；剧院临时关闭。

瘟疫导致的死亡 | **其他原因**

瘟疫大爆发！

1592

伦敦瘟疫肆虐；全伦敦城7英里（11公里）范围之内所有的剧院、熊园和保龄球场从夏天到十二月都关闭了；演员去各省巡回演出挣钱。

莎士比亚停下剧本创作改为写诗。在南安普顿伯爵的赞助下，《维纳斯和阿多尼斯》于1593年出版。这本书使他声名鹊起，而且赚了很多钱。

因为瘟疫的缘故，演员们被迫去各省巡回演出，反而使戏剧得以普及。

各式各样剧团的重新组合促成了莎士比亚“宫内大臣剧团”的成立。这个剧团不管是在演出层面还是挣钱层面都是最成功的。

1593

剧院一月份开张，但是二月份又关门，直到年终。据估算，伦敦约有

17000

人死于瘟疫。

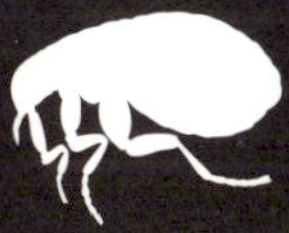

瘟疫大爆发！

1603

瘟疫不巧与詹姆斯一世的即位撞上了。剧院六月份以后一直关门；加冕游行也推迟了。

正是因为剧院关门，“国王剧团”（前身为“宫内大臣剧团”）在国王的各大宫殿中上演得更为频繁，巩固它们作为顶级国家剧团的地位并保证了它们有偿还债务的能力。

1604

环球剧院重新开张营业，这是最后一个开张的剧院。这次瘟疫夺走了大约

33000

条生命，这相当于伦敦和威斯特敏斯特市的五分之一的人口。

枢密院宣布如果因为瘟疫导致每周死亡人数超过30人，剧院必须关门。

瘟疫大爆发！

1606

剧院从六月关停至十二月。

瘟疫见证了伦敦男童剧团解体，该剧团与黑衣修士剧院有租约。1608年，国王剧团挽救了男子剧团，从1609年开始，他们整个冬天都在室内演出，面对的则是更有素养的观众。1608年至1609年，剧院临时关闭。

1608－1609

剧院临时关闭。

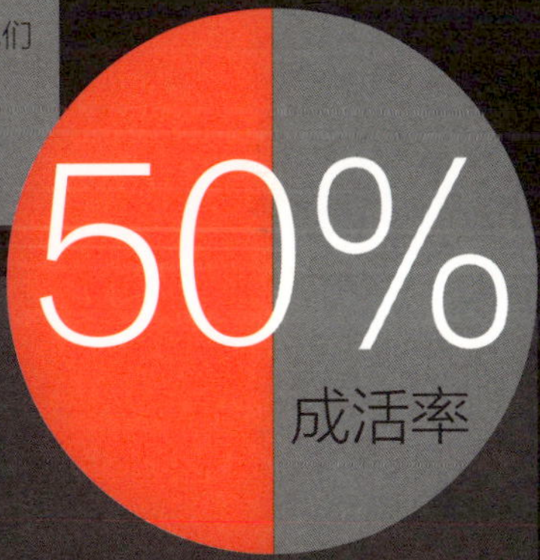

事实真相！

鼠蚤携带着鼠疫耶尔森菌。这种疾病很可能是由商船上的老鼠传播的。

10－35

岁群体最容易被感染。

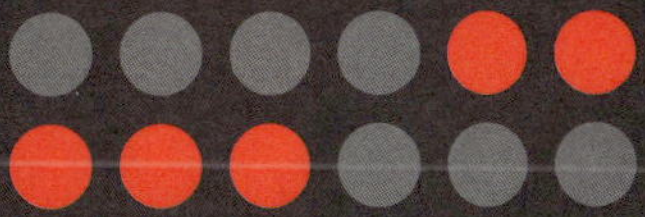

大多数瘟疫爆发在夏季和秋季。

伦敦剧院区

16世纪中叶之前，戏剧要么在客栈庭院里演给普通人看，要么在私宅深院里演给富人或贵族看，其中绝大多演出地点都在泰晤士河的北边。1576年，詹姆斯·伯布奇在肖尔迪奇区建造了第一座现代戏院——大戏院。1587年，菲利普·亨斯洛在河畔街建造了玫瑰戏院。1594年，伦敦城四家持有许可证的客栈戏院都被禁止演出了，只留下大戏院和玫瑰戏院两家官方授权的合法剧场，也留下了大把可供剧场生意人拓展的空间。1596年，伯布奇买下了封闭式的黑衣修士剧院，不过直到1609年才投入使用。他还把从大戏院拆下来的木头拖到泰晤士河对岸，建造了河岸街的明珠——环球剧院。

关键词

- 圆形室外剧院
- 方形室外剧院
- 室内剧院
- 宫殿
- 客栈戏院
- 城墙

01

泰晤士河北边

01 怀特霍尔宫 1530–1698，
最受欢迎的皇家宫殿。1597年至1616年之间，宫内大臣剧团和国王剧团在此演出。

02 大剧院 1576–1598，
为了给环球剧院提供建筑材料而被拆毁。莎士比亚1598年前的剧作都在此上演。

03 帷幕剧院 1577-1625，
1597年至1599年之间，宫内大臣剧团在此演出。莎士比亚1597年至1599年之间的剧作都在此上演。

04 幸运剧院 1600-1642

05 红狮剧院 1567
最早的现代伦敦剧院

06 野猪头剧院 1598-1605
一个客栈改造而成的剧场。

07 红牛剧院 1604-1642

08 黑衣修士剧院 1596-1642
国王剧团从1608年开始使用的室内剧院。莎士比亚拥有部分股权。莎士比亚 1609年之后的剧作在这里上演。

09 公牛客栈 1575-1578

10 贝尔客栈 1576-1594

11 贝尔野人酒店 1576-1594
是四家拿到许可证的客栈剧院中的第一家。

12 十字钥匙酒店 1578-1594

泰晤

泰晤士河南边

13　纽因顿小镇剧院　1576 - 1595

14　环球剧院　1599 - 1642

莎士比亚拥有部分股权。这里上演莎士比亚的所有戏剧，当然也有其他戏剧。1613年被烧毁，重建于1614年。

15　玫瑰剧院　1587 - 1604

16　天鹅剧院　1576 - 1595

上演了托马斯·纳希和本·琼生的《犬之岛》，这导致1957年政府关闭了所有的剧院。

17　希望剧院　1614 - 1642

第一家两用剧院，既可以逗熊，也可以演出。

演员

1559年，伊丽莎白登基后仅一年就发布了一项公告，宣布所有的演员都必须获得许可证。其中许多都在有势力的贵族的赞助下从非正式的戏班子变身为剧团，这些贵族想在家里自娱自乐或招待贵客，或是让自己剧团成员的戏剧技巧在宫殿里令女王过目难忘。这些剧团也在伦敦的四大客栈剧院里或是之后有意建造的公共剧院里巡回演出。这世界很小，演员们经常在剧团与剧团之间流动。以下是莎士比亚时代剧团10强。

莱斯特剧团

1559年 由罗伯特·杜德利组建。

1574年 得到皇室许可在公共场合演出。

1576年至1583年 在大剧院中演出。

1583年 被皇后剧团挖墙角。

牛津剧团

1580年
由爱德华·德·维尔组建。

1583年 被皇后剧团挖墙脚。

1602年 合并到伍斯特剧团。

萨塞克斯剧团

1559年 由托马斯·拉德克利夫组建。

1583年 理查德·塔尔顿被皇后剧团挖走。

1593年至1594年 在玫瑰剧院演出。

1594年 停业。

皇后剧团

1583年 受伊丽莎白一世指使，从苏塞克斯剧团、牛津剧团和莱斯特剧团挖墙角。

1587年 莎士比亚有可能在此时加入。

1592年 瘟疫爆发从此停业。

国王剧团

1603年 由詹姆斯一世组建。

1603年 招揽了宫内大臣剧团绝大多数演员。

1603年 在环球剧院和黑衣修士剧院演出。

伍斯特剧团

1580年 由威廉·萨默塞特组建。

1602年 获得在伦敦公演的许可。

1602年 与牛津剧团合并。

1603年 获得詹姆斯一世的赞助。

1603年 变身为皇后安妮剧团。

海军剧团

1576年 由查尔斯·霍华德组建。

1585年 变身为海军剧团。

1590年至1594年 与宫内大臣剧团合并。

16世纪90年代，与宫内大臣剧团共同垄断伦敦市场。

1603年 得到詹姆斯一世的赞助。

1603年 变身为亨利王子剧团。

张伯伦爵士剧团

1594年 由宫内大臣组建。

1590年至1594年 招揽了斯特兰奇勋爵大多数演员。

16世纪90年代 在大剧院、环球剧院以及黑衣修士剧院演出。

16世纪90年代 与海军剧团共同垄断了伦敦市场。

16世纪90年代 莎士比亚成为股东及剧场固定剧作家。

1603年 从詹姆斯一世那里获得演出许可。

斯特林奇大臣剧团

14世纪70年代 由费迪南多·斯坦利组建。

1590年至1594年 与海军剧团合并。

1593年 斯特兰奇勋爵剧团与海军剧团联合巡回演出。

1593年 赞助人去世，剧团解散。

彭布罗克剧团

1591年至1592年 由亨利·赫伯特组建。

1591年至1594年 由海军剧团和斯特兰奇勋爵剧团组成。

1592年 理查德·伯比奇和莎士比亚可能在此时加入。

1592年至1593年 为躲避伦敦的瘟疫出外巡回演出。

1600年 在大剧院演出。

1601年 剧团散伙。

这些要命的阴谋

伊丽莎白的父亲亨利八世违抗了教皇的命令，在女儿玛丽重新投入教皇怀中时，使英国从天主教教会中挣脱出来。1558年的至尊法案使得伊丽莎白成为重建之后英国教会的最高统治者。1570年，教皇庇护五世发布了教皇诏书反对她，并且把那些服从她的人逐出教会。于是，一连串的阴谋开始上演，全都旨在重建天主教，空气中弥漫着阴谋和反阴谋。这些一定给莎士比亚提供了不少素材，不过他从未公开或直接地攻击他们——作为一个如果说不那么情愿，但很可能是一出生就成为天主教教徒的人，这样做也许是明智的。

伊丽莎白一世
(1533–1603)

8
一生中的
次遭人暗算

1586 巴宾顿阴谋

主谋：
安东尼·巴宾顿，约翰·巴拉德

目标：
煽动天主教教徒，刺杀伊丽莎白，让玛丽坐上王位。

结局：
未遂。巴拉德和巴宾顿被绞死、砍头并分尸。

1587年，玛丽被判犯有叛国罪而被砍头。
与莎士比亚的关联：无

1583 斯罗克莫顿阴谋

主谋：
弗朗西斯·斯罗克莫顿

目标：
入侵英国，谋杀伊丽莎白，让玛丽坐上王位。

结局：
未遂。斯罗克莫顿被处死。

与莎士比亚的关联：
与斯罗克莫顿是远亲，属母亲那边的姻亲。

1571 里多菲阴谋

主谋：
罗伯托·里多菲（背后有教皇支持）

目标：
资助天主教起义，西班牙入侵，刺杀伊丽莎白以及扶持玛丽为皇后。

结局：
未遂。同谋者诺福克1572年被处死；里多菲躲过一劫。

与莎士比亚的关联：
无

苏格兰女王玛丽 (1542–1587)

19 被处死前被关在英国 **19** 年

1601 埃塞克斯叛乱

主谋：
罗伯特·德弗罗、第二代埃塞克斯伯爵以及亨利·里奥谢思利

目标：
迫使伊丽莎白改变体制。

结局：
未遂。德弗罗受审后被砍头，莱斯利被关押，后来被詹姆斯一世释放。

与莎士比亚的关联：
莱斯利曾经是莎士比亚的赞助人；德弗罗曾经使用高压手段让宫内大臣剧团上演《理查二世》

1603 “次要”阴谋

主谋：
威廉·沃森，托马斯·格雷，乔治·布鲁克

目标：
实现宗教宽容；是更为宏伟的“大阴谋”的一部分。

结局：
未遂。沃森和布鲁克被处死；格雷被赦免。

与莎士比亚的关联：
无

1605 火药阴谋

主谋：
罗伯特·卡特斯比、圭多·福克斯、弗朗西斯·特雷瑟姆以及其他11人。

目标：
炸毁议会大厦，杀死詹姆斯一世，将其女儿伊丽莎白扶上王座成为傀儡女王。

结局：
未遂。卡特斯比被杀，福克斯和其他7人被 绞死、砍头并分尸。

与莎士比亚的关联：
莎士比亚跟卡特斯比是远亲，卡特斯比是斯罗克莫顿母亲那边的远亲。

(1566–1625) 詹姆斯一世

成为苏格兰国王的时候才 **13** 个月大。

1603 “大阴谋”

主谋：
亨利·布鲁克、科巴姆勋爵以及沃尔特·雷利爵士

目标：
废黜詹姆斯一世，扶持他的侄子阿拉贝拉斯图尔特登上王位。

结局：
未遂。科巴姆和雷利被监禁。1618年罗利被处死。

与莎士比亚的关联：
亨利·布鲁克、科巴姆勋爵或他的父亲，是写作福斯塔夫的灵感来源。

名字有什么关系?

伊丽莎白时代的拼写很随意。不管是印出来还是写出来，莎士比亚的名字连他自己都拼得变化多端。尽管如此，目前为止现代拼写仍然最受欢迎。以下是莎士比亚名字拼写变化的简要描述。

200 Shakespeare

31 Shakespere

23 Shakspeare

22 Shake-speare

19 Shakespear

12 Shackspeare

9 Shakspere

7 Shackespeare

6 Shackspere

5 Shackespere

4 Shaxberd

3 Shaxspere

2 Shakespe / Shakspe- / Shakspear / Shak-speare / Shaksper / Shexpere

1 Schaksp. / Shagspere / Shakespheare / Shakp / Shakspe / Shaxpeare / Shaxper / Shaxpere

威廉·莎士比亚

03
作品

“因为那里有一只扶摇直上的乌鸦，用我们的羽毛来美化自己，用伶人的外表包藏了一颗虎狼之心；他以为能写几句无韵诗就能与你们中间最优秀的人媲美；他只是一个什么都干的打杂工，却自命不凡，把自己看作国内唯一‘震撼舞台的人’。”

——罗伯特·格林，格林的《百万分忏悔买得一分智慧》，1592年

用处

. 表示地位(用于贵族和上层阶级)

. 表达强烈感情（深爱、痛恨、愤怒）

. 表现内心对话

. 表明情绪或情况的变化

. 发表令人振奋的讲话

使用者

. 国王和王后

. 贵族和上层阶级

. 恋人

32 部剧本有更浓诗歌意味

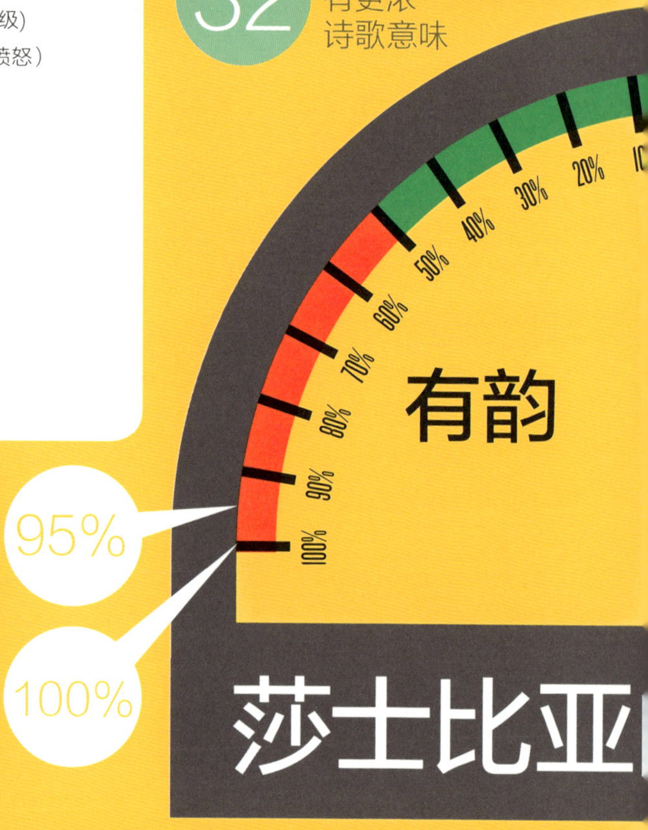

《泰特斯·安德洛尼克斯》《亨利六世》第2部《亨利六世》第3部：95%

《约翰王》《理查二世》：100%

从诗人到诗歌

和克里斯托弗·马洛一样，莎士比亚也用无韵诗写剧本。素体诗是不押韵的抑扬格五音步，最早见于乔叟，但是最早出版则是在16世纪， 由萨里伯爵亨利·霍华德在 1516年到1547年之间出版。这种体裁音步灵活，其中的基本单位——抑扬格，很好地描摹了人类心脏的律动（扑-通）。

剧本被认为是诗歌大显身手的舞台，而且绝大多数16世纪之前的剧本全部采用诗歌形式。莎士比亚是最早一批在剧本中混入散文的。他使用散文体式衬托诗歌来改变情绪和节奏，表明身份和处境，突出细节和微妙，当然也是为了颠覆刻板印象。

5 部剧本有更浓散文意味

用处

. 表示地位（社会地位低下或是为社会不容）
. 喜剧
. 普通人的对话
. 辱骂
. 表明情绪或情况的变化

使用者

. 小丑
. 仆人
. 普通人
. 装成普通人的贵族

《温莎的风流娘儿们》

伟大的抑扬格

这就是抑扬格

˘ ¯

扑-通

这就是抑扬格五音步

˘ ¯ ˘ ¯ ˘ ¯ ˘ ¯ ˘ ¯

但，轻声！/什么光/从那边/窗子里/亮起来？

这部戏才是最重要的……

莎士比亚独撰了我们熟知的37部剧作，还有3部是和别人合著。莎士比亚以跨文类者的本能坚持创作，使用他认为会效果不错的任何文类，从而使作品畅销卖座，而赞助费则纳入自己囊中。精雕细琢的历史剧一定是以某种不会冒犯君主的方式，一方面娱乐兼及教诲观众，一方面讨论时事政治问题。悲剧、传奇剧以及喜剧则为了讨好观众不遗余力。所有的剧本都创作于16世纪80年代至1613年。

任意编造的历史剧也许可以免受君主的搅扰，但是数据显示，与权力与政治主题相比，莎士比亚在写作尊严和激情时更为自在。

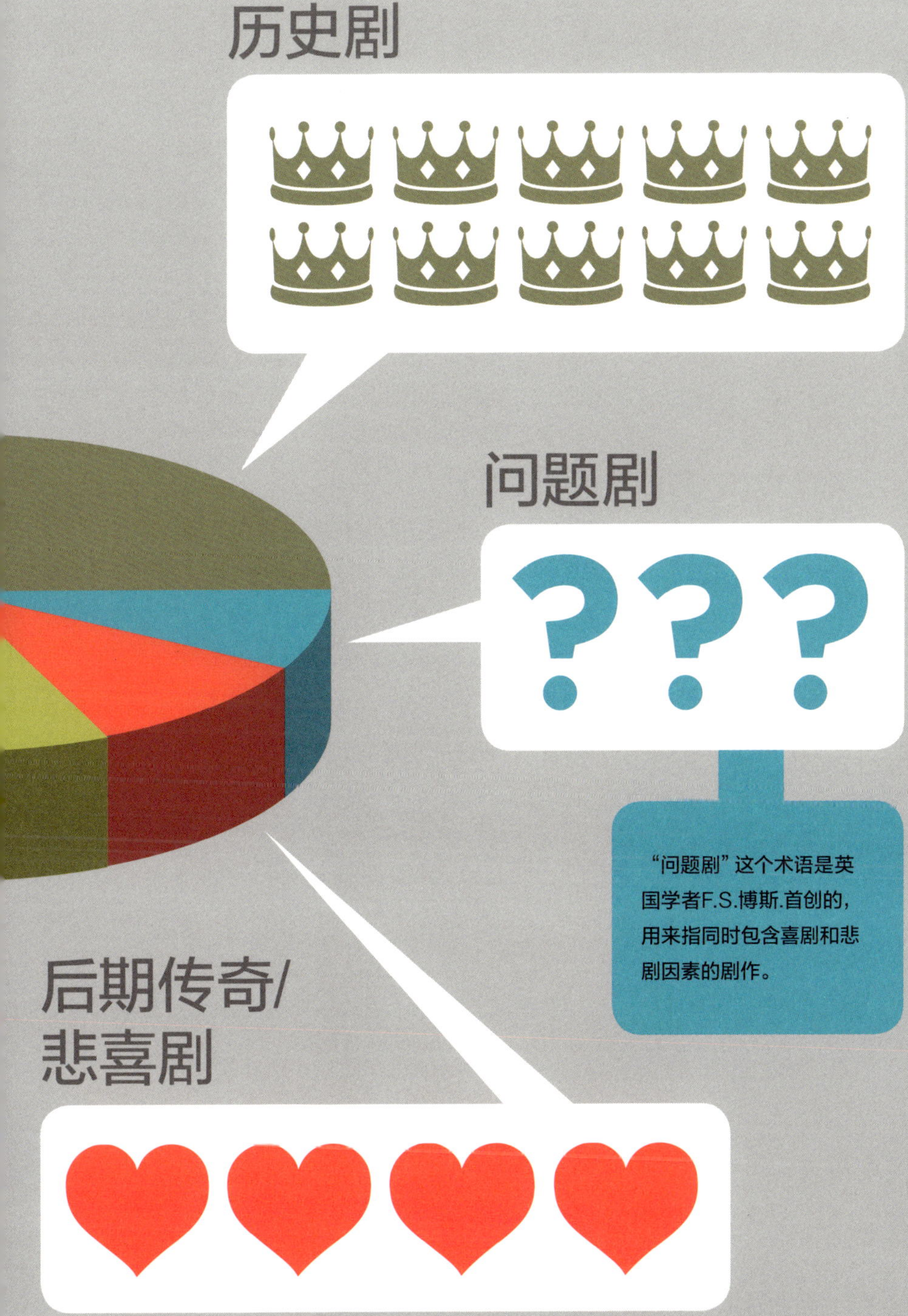
历史剧
问题剧
“问题剧”这个术语是英国学者F.S.博斯.首创的，用来指同时包含喜剧和悲剧因素的剧作。
后期传奇/悲喜剧

创造表演奇迹……

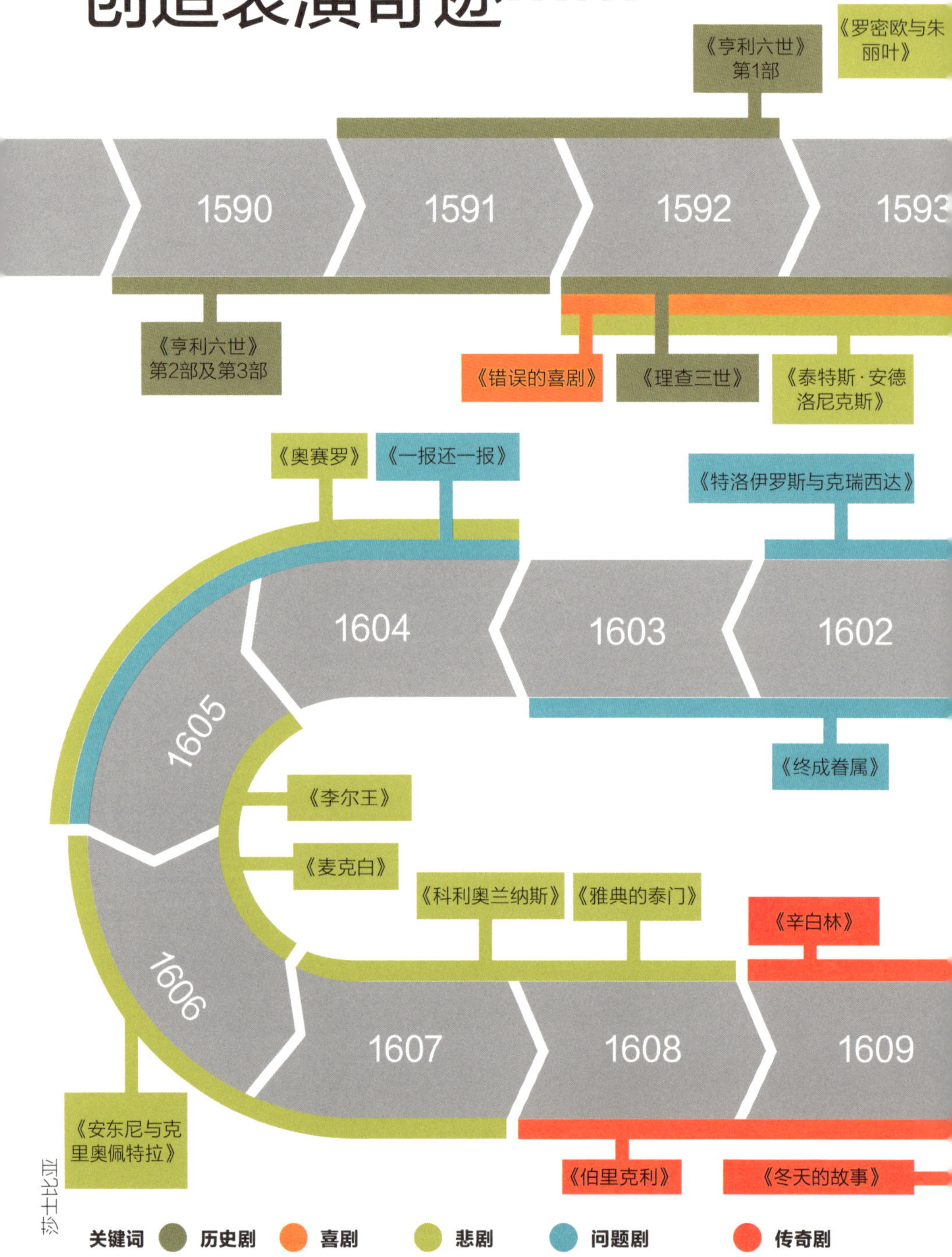

《罗密欧与朱丽叶》
《亨利六世》第1部
1590
1591
1592
1593
《亨利六世》第2部及第3部
《错误的喜剧》
《理查三世》
《泰特斯·安德洛尼克斯》
《奥赛罗》
《一报还一报》
《特洛伊罗斯与克瑞西达》
1604
1603
1602
1605
《终成眷属》
《李尔王》
《麦克白》
《科利奥兰纳斯》
《雅典的泰门》
《辛白林》
1606
1607
1608
1609
《安东尼与克里奥佩特拉》
《伯里克利》
《冬天的故事》
关键词
历史剧
喜剧
悲剧
问题剧
传奇剧

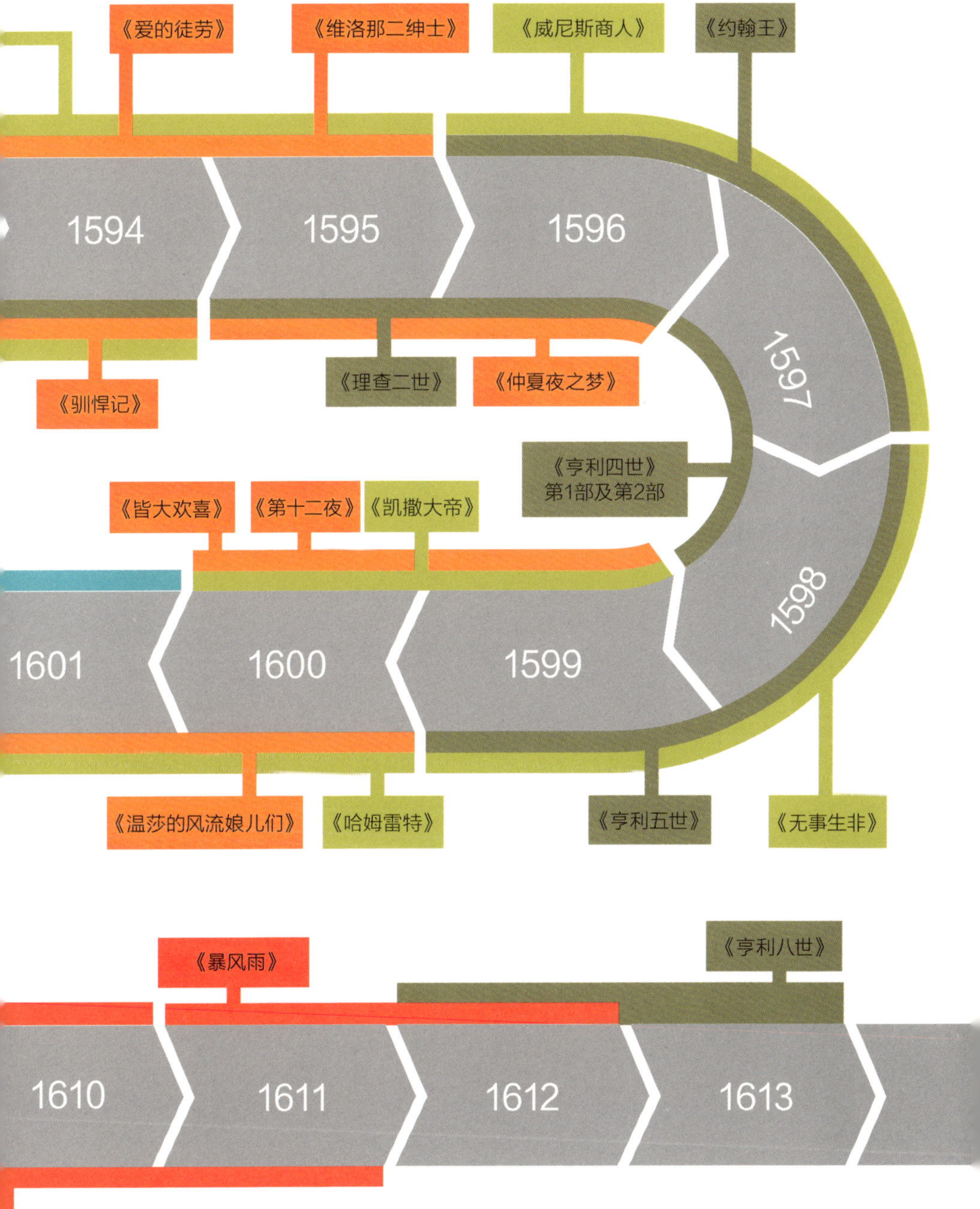

莎士比亚的所有剧作写于1590年至1613年之间，但是很难确定具体日期，因为随着剧作的上演他会不停地修改或增删。这些剧作直到1623年才以对开本的形式出版。这里给出的日期是有记录的演出日期。

和威尔一起写剧本

如果是喜剧：确保有威尔·肯普扮演的角色

喜剧还是悲剧？

如果是悲剧：确保有理查德·伯布奇和威尔·肯普

他们不是无缘无故地被称为剧作家。对于都铎和斯图尔特时代的戏剧家来说，一部剧作并不是躺在纸面上死气沉沉的文字，而是有生命的，是与各部门通力合作在舞台上仔细打磨的结果。一切都始于粗糙的大纲，然后通过即兴创作，频繁改动，细微调整，适应变化，增加效果来润色改善。戏剧是舞台艺术，而不只是白纸上的黑字。

估计角色的数量，并检查你是否有足够的演员来扮演这些角色，在必要的时候演员数量要加倍。

写下来。每个演员都如所写的发挥自己的作用，每一页都有提示。这还只是草稿。

排练两周。注意草稿上任何一处改动。

如果是喜剧：排练歌舞场面

喜剧还是悲剧？

如果是悲剧：排练打斗场面

收集好草稿，交给抄写员做一个完整的清样。

把清样交给宴乐官，那时的宴乐官是爱德华·提尔尼爵士。他会审查并指出是否需要修改。

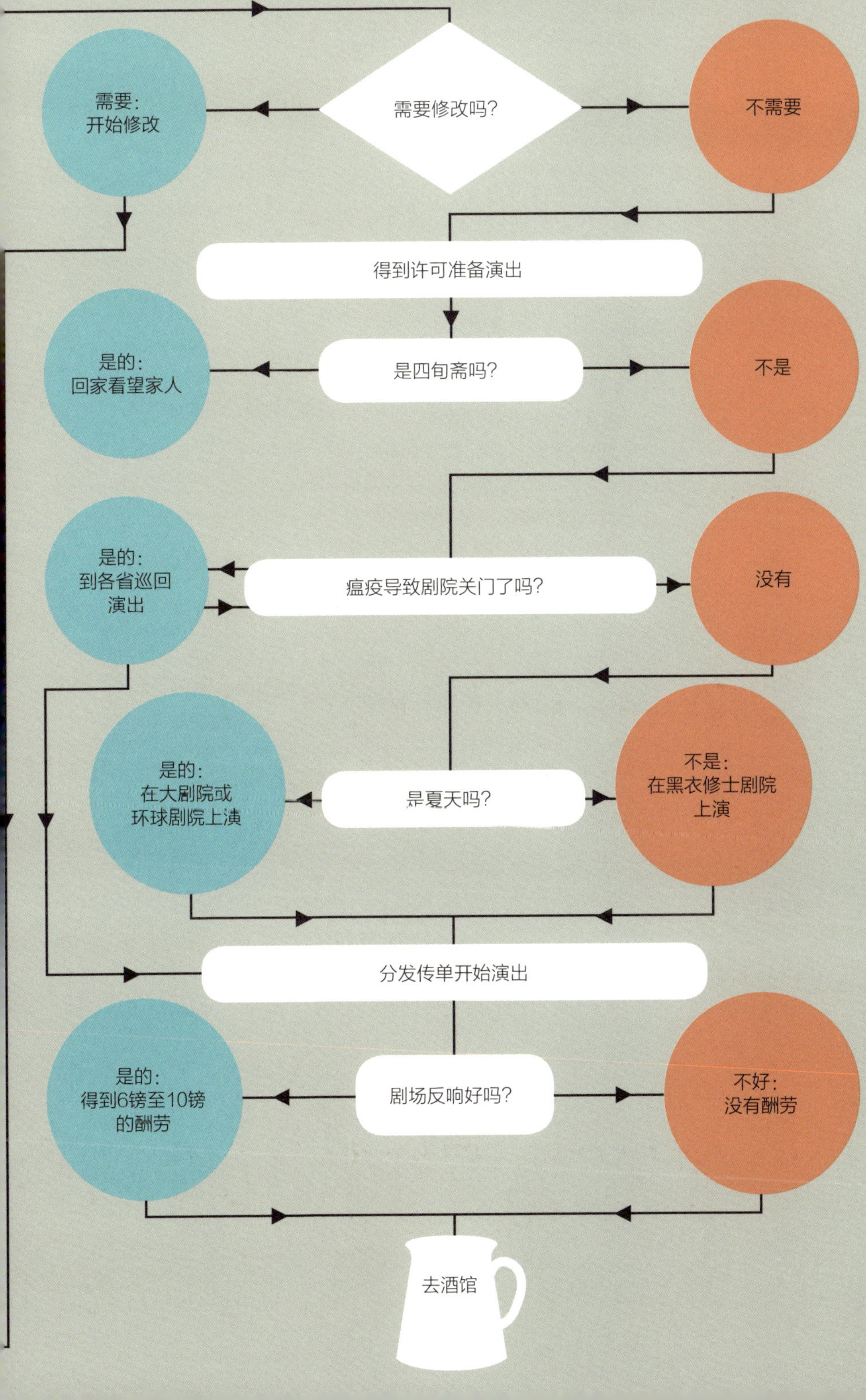
需要修改吗?
需要：
开始修改
不需要
得到许可准备演出
是四旬斋吗?
是的：
回家看望家人
不是
瘟疫导致剧院关门了吗?
是的：
到各省巡回
演出
没有
是夏天吗?
是的：
在大剧院或
环球剧院上演
不是：
在黑衣修士剧院
上演
分发传单开始演出
剧场反响好吗?
是的：
得到6镑至10镑
的酬劳
不好：
没有酬劳
去酒馆

男角女角都是男子演

在莎士比亚生活的那个时代，所有的女性角色都是男子扮演。所有人都知道这一点——所以每当由于剧情需要，莎士比亚让一个女性角色装扮成男子，他指望观众能够理解这种双重幻象。

那些装扮成男子的角色在这个世界上拥有更多的权力和力量，从而让莎士比亚能够创造出一些精力非常旺盛的主人公。这一定博得了伊丽莎白女王的欢心，因为她深谙在男人的世界里做一个女人的所有处境。

《第十二夜》

剧情透露预警！

薇奥拉遭遇了沉船事故，以为他的双胞胎弟弟塞巴斯蒂安被淹死了。她女扮男装化名西萨里奥，投到当地奥西诺公爵的门下当侍童。奥西诺对奥利维亚倾心不已，但是奥利维亚却对西萨里奥一见钟情。塞巴斯蒂安一露面就被奥利维亚当成了西萨里奥。在这个冒牌的西萨里奥揭晓了自己的真实身份是薇奥拉时，奥西诺却爱上了她。

《皆大欢喜》

剧情透露预警！

罗瑟琳装扮成牧羊人盖尼米德，而盖尼米德装扮成罗瑟琳，以至于一心爱着罗瑟琳的奥兰多以盖尼米德为替身来练习诱惑女人的技巧，却不知道盖尼米德就是罗瑟琳自己装扮的。

《威尼斯商人》

剧情透露预警!

鲍西亚装扮成律师巴尔萨泽为安东尼奥辩护，因为安东尼奥负债是由于她的丈夫巴萨尼奥。成功赢得官司以后，鲍西亚揭晓了她的真实身份。

《辛白林》

剧情透露预警!

伊摩琴把自己装扮成一个男子费戴尔，从而可以找到被放逐的丈夫波塞摩斯。波塞摩斯以为妻子背叛了自己。真相大白之后装扮成费戴尔的伊摩琴与丈夫终于喜得团圆。

《维洛那二绅士》

剧情透露预警!

茱莉娅女扮男装成男仆塞巴斯蒂安，试图抓住自己的男朋友普罗丢斯勾引西尔维娅。普罗丢斯毫不知情雇用了塞巴斯蒂安，而后者目睹了他的诱惑过程及失败的结果。惊骇于他的行为，茱莉娅揭开了自己的真实身份。

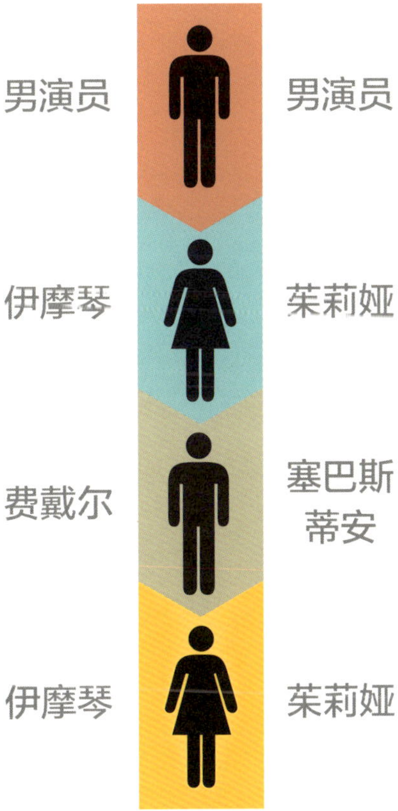

发生地，发生地，还是发生地

尽管有些学者认为莎士比亚一定在某个时候去过意大利，然而据我们所知，他从未离开过他的家乡。除了历史剧以外，莎士比亚的剧作很少以英格兰为背景，你可以在当前版图上的这些地方找到故事的发生地。

西班牙

《亨利六世》第1部
《亨利六世》第2部
《亨利六世》第3部
《理查三世》
《约翰王》
《理查二世》
《亨利五世》
《亨利八世》
《温莎的风流娘儿们》
《皆大欢喜》
《李尔王》
《辛白林》
《亨利四世》第1部
《亨利四世》第2部

威尔士

《理查二世》

苏格兰

《麦克白》

法国

《终成眷属》
《亨利六世》第1部
《亨利五世》

西班牙

《爱的徒劳》

普洛斯彼罗之岛

《暴风雨》中虚构的岛

意大利

《维洛那二绅士》
《驯悍记》
《罗密欧与朱丽叶》
《威尼斯商人》
《奥赛罗》
《无事生非》
《安东尼与克里奥佩特拉》
《终成眷属》
《凯撒大帝》
《泰特斯·安德洛尼克斯》
《科利奥兰纳斯》
《科利奥兰纳斯》
《冬天的故事》

丹麦

《哈姆雷特》

希腊

《仲夏夜之梦》
《雅典的泰门》
《两位贵族亲戚》
《伯里克利》
《安东尼与
克里奥佩特拉》

奥地利

《一报还一报》

克罗地亚

《第十二夜》

土耳其

《伯里克利》
《特洛伊罗斯与
克瑞西达》
《错误的喜剧》

捷克共和国

《冬天的故事》

黎巴嫩

《伯里克利》

埃及

《安东尼与
克里奥佩特拉》

你知道吗？

《皆大欢喜》把故事设置在一个虚构的地点，很可能是法国的阿登区，但是莎士比亚称之为阿登森林，而且是本地的艾登……

莎士比亚甜蜜的十四行诗

对十四行诗的狂热是由菲利普·锡德尼的《爱星者与星》（16世纪80年代）引发的。16世纪90年代中期，英格兰达到了“十四行诗高峰”，而莎士比亚绝不会愿意错过一个极其有利可图的趋势。不过十四行诗诗集出版于1609年，很明显没有得到他的授权。诗歌的排列顺序也不是他定的，我们至今仍然无法确定“美男子”“黑女士”以及“诗人对手”的确切身份。当然我们也不知道这组表达了莎士比亚陷入困境的爱情生活的诗歌，是对总体风格的模仿，还是关于创造过程的一个精心的寓言——艺术之神与泥泞现实的鲜明对照。

劝婚主题的十四行诗
这些诗催促美少年结婚生育，
确保他的美貌会传承下去。

致美少年
这些诗是热切的爱情宣言，
爱情变化无常的天性以及
时光和美貌的一去不复返。

致黑女士
这些诗绝大部分极尽讽刺甚至有点粗俗，
充满厌女情绪且聚焦于欲望。

关于丘比特
这些诗是对古希腊丘比特诗的改编。
丘比特是情欲之神，
是爱神维纳斯和战神马尔斯之子。

没人知道莎士比亚是何时写下这些十四行诗的。尽管大多数人认为这些诗作的大部分是在内写成的，大约在1591年到1597年之间。这个已经出版的版本不太可能是按时间顺序排列的。

1582 1591 1597 1598 1609

1582
他的第一首十四行诗(145)写成

1591-1597
一般认为他的大多数十四行诗写于此时

1598
提到了“甜蜜的十四行诗”

1609
十四行诗出版

154
首十四行诗

16 17 18 19 20 21 22 23 24 25 26 27 28 29 30
46 47 48 49 50 51 52 53 54 55 56 57 58 59 60
76 77 78 79 80 81 82 83 84 85 86 87 88 89 90
106 107 108 109 110 111 112 113 114 115 116 117 118 119 120
136 137 138 139 140 141 142 143 144 145 146 147 148 149 150

1
“我们总愿最美的物种繁衍生息”
这是劝婚十四行诗的第一首

18
“我怎能把你和夏日相比？”
这是“致美少年”十四行诗的开头

79
“我曾经独自祈求获得你的帮助”
九首诗人对手系列中的第二首

127
“从前黑肤不算是美丽”
这首十四行诗被认为有传记色彩

145
“爱神亲手造出的嘴唇”最早的十四行诗，很可能是写给安妮·海瑟薇的

154
“爱火能让水变烫，水却难使爱火凉”
最后一首十四行诗，“丘比特系列”中的第二部分

灵感的来源

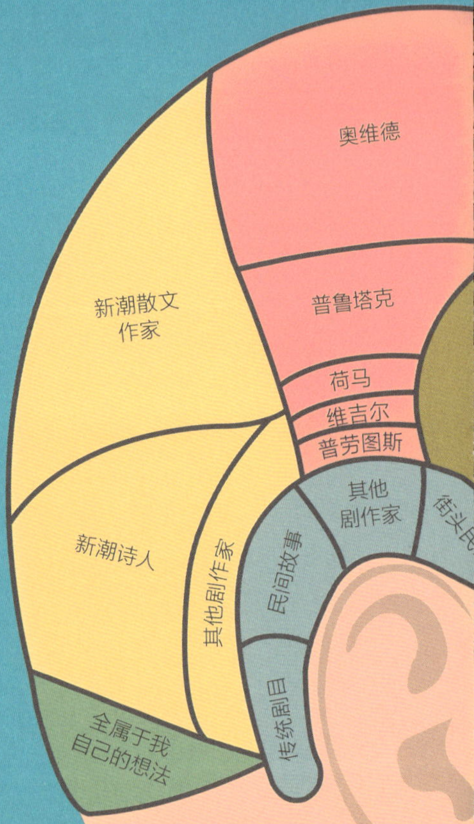

原创性是一种现代美德。莎士比亚并没有创作出他所有的情节，那个年代也没有人能做到这一点。就像其他的戏剧家一样，他依靠历史文献，经典著作，古代大师，翻译过来的当代欧洲文学，神话故事，民间故事，传统剧目，其他剧作家的作品——以及永远可靠的“整合”。这种技巧就是串起所有的灵感，组合许多不同来源的因素，引入新角色和情节，并将它们糅在一起，使它们变成一个有趣的整体。

受同代人影响的作品

《驯悍记》
《罗密欧与朱丽叶》
《威尼斯商人》
《温莎的风流娘儿们》
《无事生非》
《皆大欢喜》
《第十二夜》
《一报还一报》
《奥赛罗》
《伯里克利》
《冬天的故事》

整合类作品

《驯悍记》
《泰特斯·安德洛尼克斯》
《约翰王》
《哈姆雷特》
《李尔王》

原创性作品

《泰特斯·安德洛尼克斯》（部分）
《爱的徒劳》（全部）
《无事生非》（比阿特丽斯和本尼迪克特）
《哈姆雷特（哈姆雷特的疯癫）》
《暴风雨》（绝大部分）

受古代经典影响的作品

《泰特斯·安德洛尼克斯》
《维纳斯和阿多尼斯》
《失贞记》
《错误的喜剧》
《仲夏夜之梦》
《凯撒大帝》
《哈姆雷特》
《特洛伊罗斯与克瑞西达》
《奥赛罗》
《雅典的泰门》
《李尔王》
《麦克白》
《安东尼与克里奥佩特拉》
《科里奥兰纳斯》
《辛白林》
《暴风雨》

受14世纪大师影响的作品

《维洛那二绅士》
《仲夏夜之梦》
《约翰王》
《哈姆雷特》
《特洛伊罗斯与克瑞西达》
《终成眷属》
《李尔王》
《伯里克利》
《辛白林》
《两位贵族亲戚》

受历史文献影响的作品

《哈姆雷特》
《奥赛罗》
《李尔王》
《辛白林》

关系密切的……

伊丽莎白/詹姆斯时代的戏剧界是一个联系密切的群体。有一些既是演员又是剧作家，如莎士比亚，另一些既是诗人又是剧作家，还有些人既是小册子作者又是剧作家，当然还有专心致志的剧作家。即使他们为不同的剧团效力，彼此之间也知根知底，还合作，重写，修改甚至像好莱坞的编剧那样互相抄袭。有些人合作更频繁，如莎士比亚晚年与托马斯·米德尔顿、乔治·威尔金斯合作，尤其与约翰·弗莱切过从甚密，合作最多。右图是他们之间的联系。

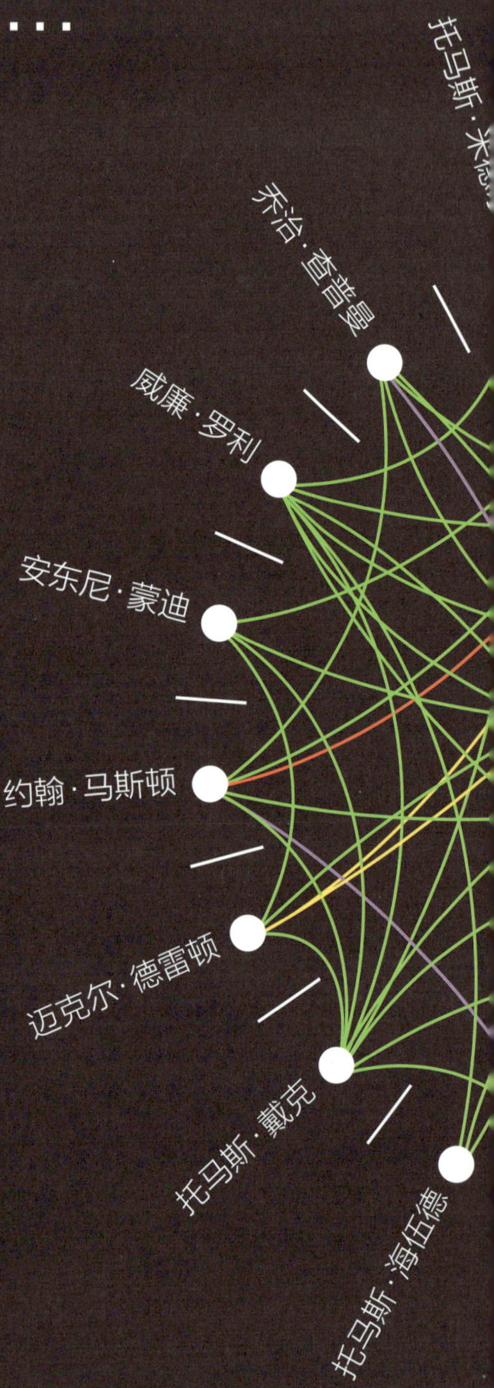

关键词

- 与之合作
- 为之演出/同台演出
- 受其启发
- 与之为友
- 与之有仇，后又与之合作

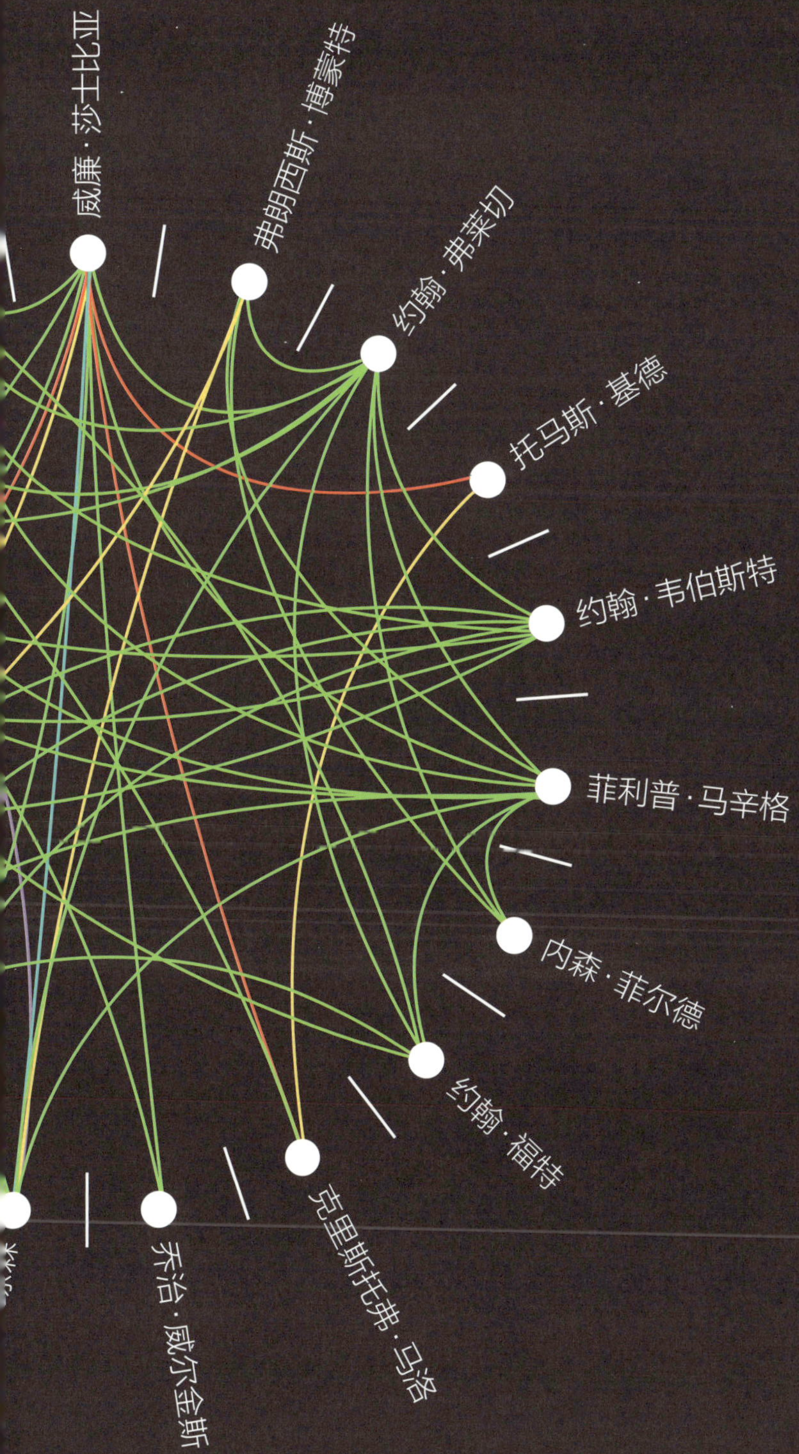
威廉·莎士比亚
弗朗西斯·博蒙特
约翰·弗莱切
托马斯·基德
约翰·韦伯斯特
菲利普·马辛格
内森·菲尔德
约翰·福特
克里斯托弗·马洛
乔治·威尔金斯

“数”士比亚！

为什么体育迷们拥有那么多的快乐？试试看当你把威尔分解成各种数据将会发生什么。不过很难完全精确地描述莎士比亚，因为剧本长短不同版本各异。其整体情况大致如下。

完整的作品

37 本剧作

154 首十四行诗

5 首长诗

2 本剧本失传

\+ 1 未完成的剧本

总字数

884421

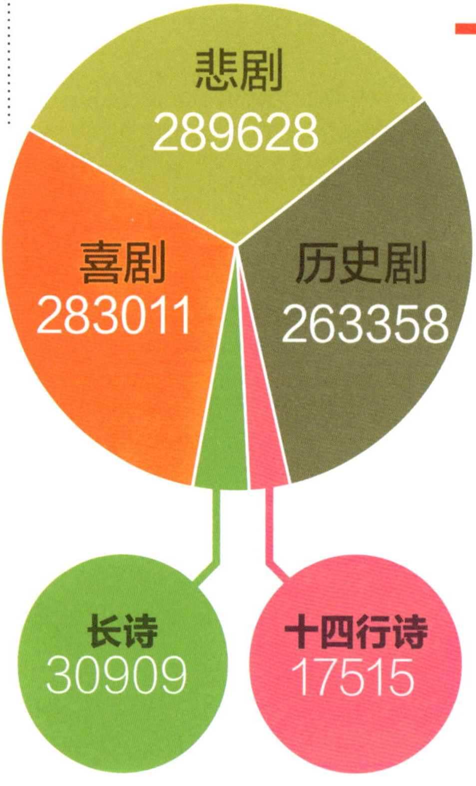

台词最多

罗瑟琳
《皆大欢喜》
685

哈姆雷特
《哈姆雷特》
1569

行数

平均每部剧作的行数：3000

油耗

公升/小时：

1000

台词

台词总计：

34895

平均每部剧作：

943

最长及最短的剧作

最长的剧作：《哈姆雷特》

最短的剧作：《错误的喜剧》

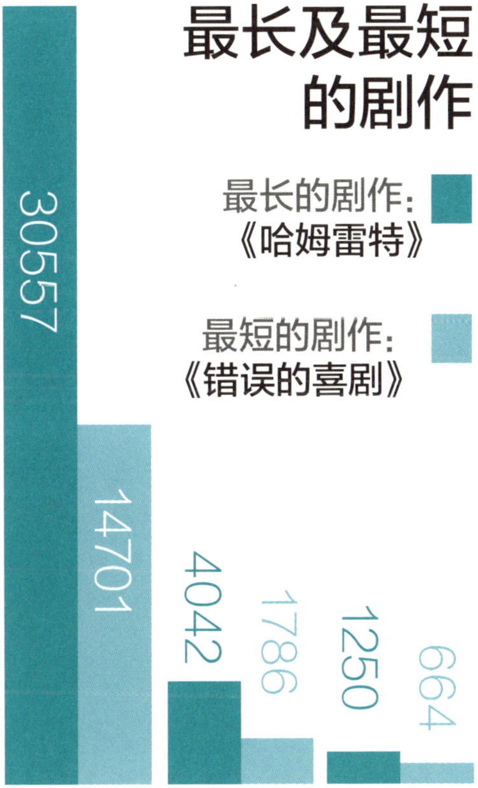

剧中人物

塑造的剧中人物总数：

4042

有台词的剧中人物：

1223

剧中人物最多：《亨利六世》第2部

67

1 头狮子（舞台后面）

1 只熊

1 条狗

死亡之门

在莎士比亚的悲剧中，几乎所有人物最后都丧了命。那个时候跟现在一样，剧中人死得其所或是死有余辜，能够燃爆观众的兴奋点。《哈姆雷特》的结局舞台上满是尸体。大部分剧中人是被刺死的，因为近距离而且面对面，所以比较容易在舞台上表现。毒死是第二种比较普遍的死法。这两种方法都为悲剧演员提供了一个炫耀演技的好机会。而那些更为复杂的死法（如砍头、车裂、活埋或淹死）往往都在后台发生。

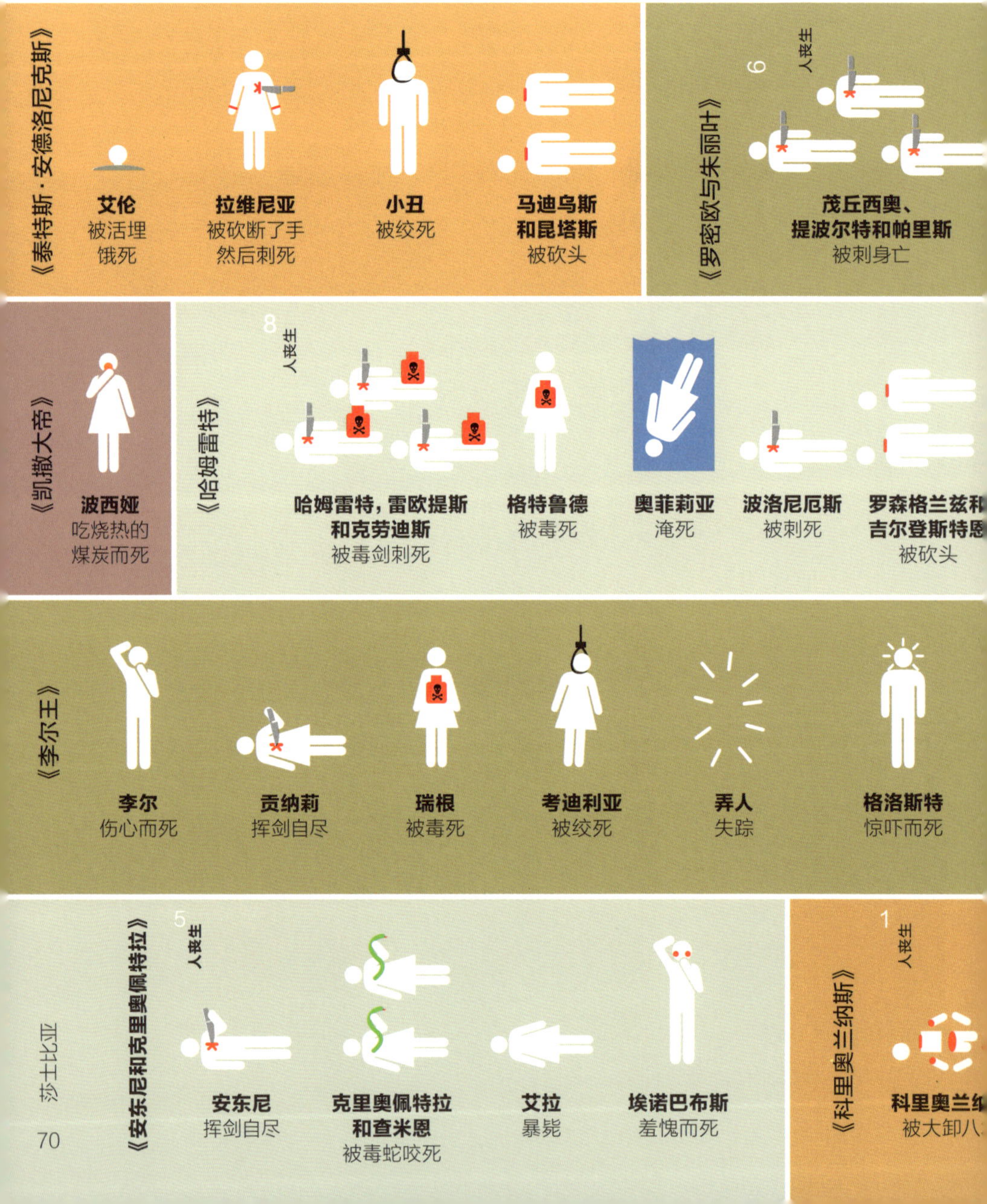

《泰特斯·安德洛尼克斯》

14 人丧生

阿拉巴斯，
车裂后烧死

慕修斯、巴萨尼尔斯，
萨特尼纳斯，泰特斯还有护士
都被刺身亡

喀戎和德米特里
被刺死后烤成了馅饼

塔莫拉
因吃馅饼消化不良而死

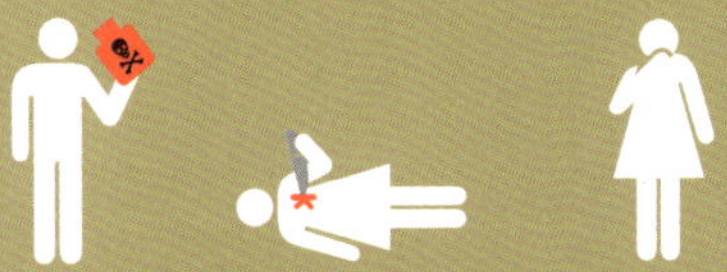

罗密欧
服毒自杀

朱丽叶
挥剑自尽

蒙太古夫人
伤心而死

《凯撒大帝》

5 人丧生

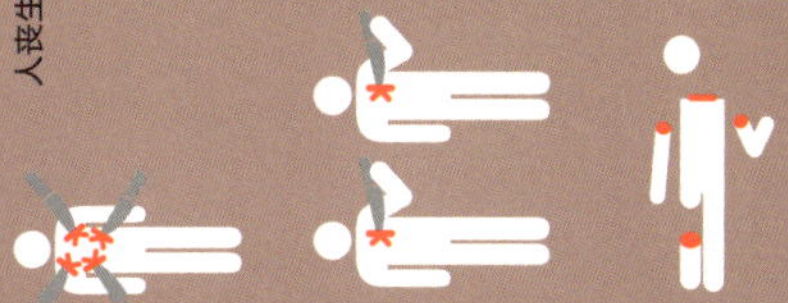

尤里乌斯·凯撒
被刺身亡

布鲁特斯和卡修斯
挥剑自尽

西娜
被暴徒肢解

《奥赛罗》

4 人丧生

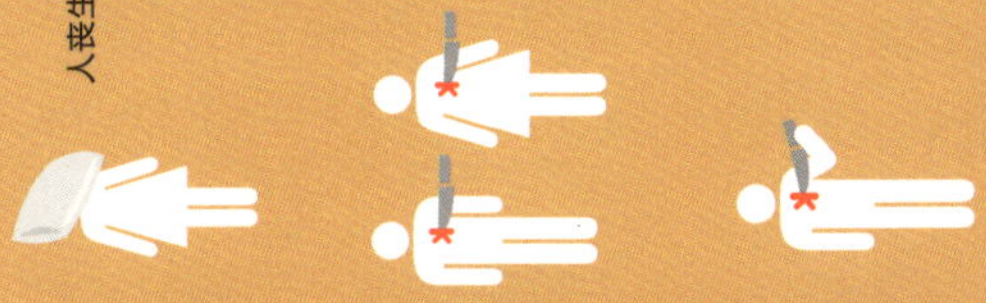

苔丝狄蒙娜
被枕头闷死

伊米莉亚和罗德里戈
被刺死

奥赛罗
挥剑自尽

《李尔王》

9 人丧生

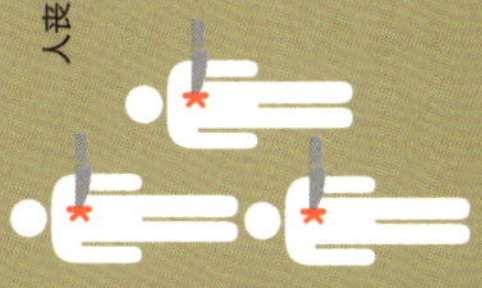

康沃尔，奥斯瓦德和埃德蒙
被刺死

《麦克白》

11 人丧生

麦克白
被砍头

麦克达夫和孩子
被刺死

麦克白夫人
因失眠而死

邓肯，卫士1，卫士2和麦克达夫夫人，希沃德和班柯
被刺死

《雅典的泰门》

1 人丧生

泰门
死在洞穴里

《辛白林》

1 人丧生

克罗顿
被砍头

《冬天的故事》

1 人丧生

安蒂冈努斯
被熊拍死
（追逐离场）

明日悲剧，今日喜剧

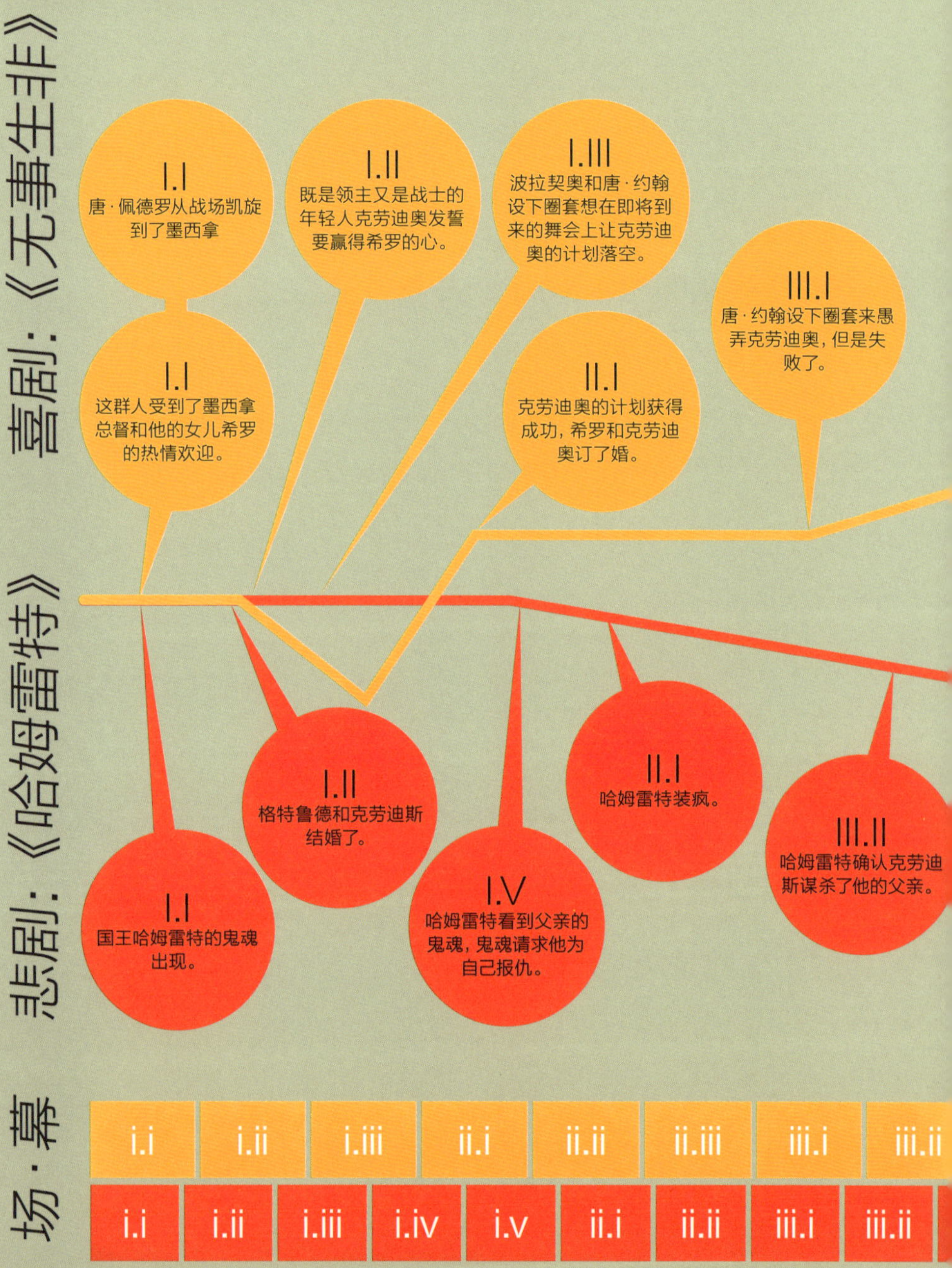

喜剧：《无事生非》
I.I 唐·佩德罗从战场凯旋到了墨西拿
I.I 这群人受到了墨西拿总督和他的女儿希罗的热情欢迎。
I.II 既是领主又是战士的年轻人克劳迪奥发誓要赢得希罗的心。
I.III 波拉契奥和唐·约翰设下圈套想在即将到来的舞会上让克劳迪奥的计划落空。
II.I 克劳迪奥的计划获得成功，希罗和克劳迪奥订了婚。
III.I 唐·约翰设下圈套来愚弄克劳迪奥，但是失败了。
悲剧：《哈姆雷特》
I.I 国王哈姆雷特的鬼魂出现。
I.II 格特鲁德和克劳迪斯结婚了。
I.V 哈姆雷特看到父亲的鬼魂，鬼魂请求他为自己报仇。
II.I 哈姆雷特装疯。
III.II 哈姆雷特确认克劳迪斯谋杀了他的父亲。
场·幕
i.i
i.ii
i.iii
ii.i
ii.ii
ii.iii
iii.i
iii.ii
i.i
i.ii
i.iii
i.iv
i.v
ii.i
ii.ii
iii.i
iii.ii

悲剧总是以主人公的死亡来收场，而喜剧总是以结婚和跳舞来闭幕，虽然剧中人此前在深渊边缘危险几经徘徊幸而被巧妙的情节拉回。喜剧如果没有一点紧张感就会死气沉沉；悲剧如果没有片刻轻松来调剂就会让人无法忍受（而且不能使普通观众开心）。这两种类型莎士比亚都很擅长。至少对现代观众而言，《哈姆雷特》是他最受欢迎的悲剧作品，而《无事生非》则是他最受喜爱的喜剧作品。来看看这两者情节走向的差异吧。

10 莎士比亚个第一

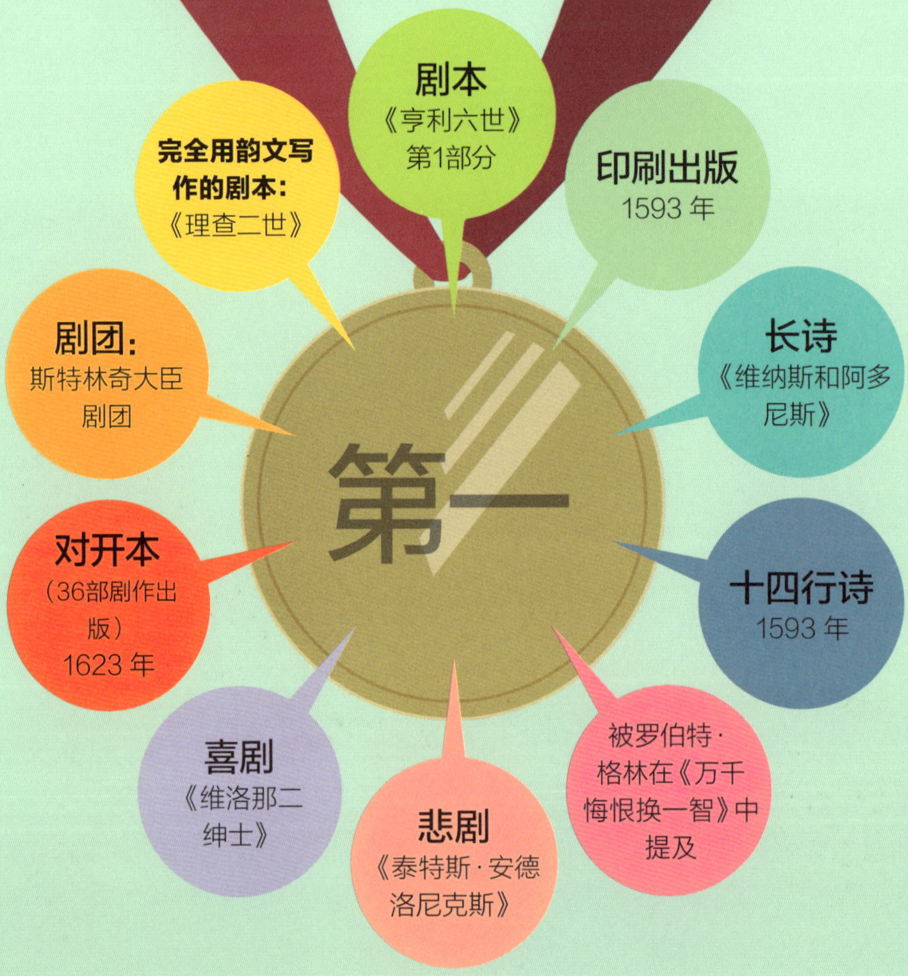

除了收录剧作的第一对开本，精确认定莎士比亚的任何一部作品的写作时间都极为困难。所以，上述清单中的日期更像是被莎士比亚研究者所勉强认可的指南，而不是板上钉钉的事实。

威廉·莎士比亚

04

遗产

“莎士比亚的非凡之处在于他真的很优秀——尽管所有人都说他很优秀。”

——罗伯特·格雷夫斯，《观察家》，1964年

莎士比亚的作品是谁写的？

大多数莎士比亚研究者都接受了莎士比亚的剧作和十四行诗确实是，呃，莎士比亚写的。之前没有人质疑过作者的身份，直到170年前美国作家迪莉娅·培根论证莎士比亚的剧作是一群心怀不满的贵族和政客在弗朗西斯·培根爵士（与迪莉娅并无亲属关系）和瓦尔特·罗利共同指导下完成的作品。与此同时，莎士比亚的作品长期以来受到大肆追捧，忽然这种观念似乎变得站不住脚了，因为这些作品居然是一个既不优雅又不多金，没有受过牛津或剑桥教育并且连一个好演员都算不上的外省手套商的儿子写的。现在有一个阴谋论式的行业致力于找出到底是谁写的。

爱德华·德·维尔

1550–1604

第17世牛津伯爵

不利因素：
逝于1604年

支持者：
J·托马斯·鲁尼，1920年

克里斯托弗·马洛

1564–1593

剧作家和诗人

不利因素：
逝于1593年

支持者：
威尔伯·G·齐格勒，1895年

其他可能人选：

威廉·斯坦利，第六世德比伯爵（1561–1642）
埃米莉亚·巴萨诺·拉尼尔（1569–1645）
富尔克·格雷维尔，第一世布鲁克男爵（1554–1628）
罗杰·曼纳斯，第五世罗特兰伯爵（1576–1612）
瓦尔特·罗利（1554–1618）
集体写作论

贵族们

弗朗西斯·培根爵士，爱德华·德·维尔，罗杰·曼纳斯，玛丽·西德尼，威廉·斯坦利，瓦尔特·罗利以及其他人。

剧作家们

克里斯托弗·马洛、罗伯特·格林，托马斯·纳希以及其他人。

拥有多项能力/有利因素

- 接受过牛津剑桥教育
- 懂拉丁语/希腊语
- 受到詹姆斯一世的青睐
- 受到伊丽莎白一世的青睐
- 作家/诗人/剧作家
- 贵族
- 见多识广
- 懂音乐
- 掌握多种语言知识
- 为弗朗西斯·沃辛海姆爵士效力
- 西德尼-南安普敦-彭布罗克集团成员

玛丽·西德尼·赫伯特

1561-1621

彭布罗克伯爵夫人

不利因素：
女性

支持者：
吉尔伯特·斯莱特，1931年

亨利·内维尔爵士

1562-1615

政客和外交官

不利因素：
不是诗人

支持者：
布伦达·詹姆斯和
威廉
鲁宾斯坦，2005年

弗朗西斯·培根爵士

1561-1626

哲学家，实验科学之父

不利因素：
没有写过任何知名的剧本

支持者：
威廉·亨利·史密斯，
1856年

词汇，词汇，词汇

莎士比亚在自己的作品中使用了17677个不同的单词，其中10%是新造词。他擅长于无中生有自造新词，增加或减去后缀或前缀（不一存在是一个特别受欢迎的词），使得名词、动词和形容词跳出原来的类别，把单词串在一起，形成全新的组合，重新定义词汇或是干脆杜撰造词。塞缪尔·约翰逊的《英语词典》引用他的话比其他任何作家都多，但是这也很可能是因为莎士比亚的作品太容易获得。以下是莎士比亚创造或推广的部分短语，我们现在仍然在使用这些短语的不同版本。它们如此深植于语言之中，以至于我们使用它们时根本就不会考虑它们来自哪里。

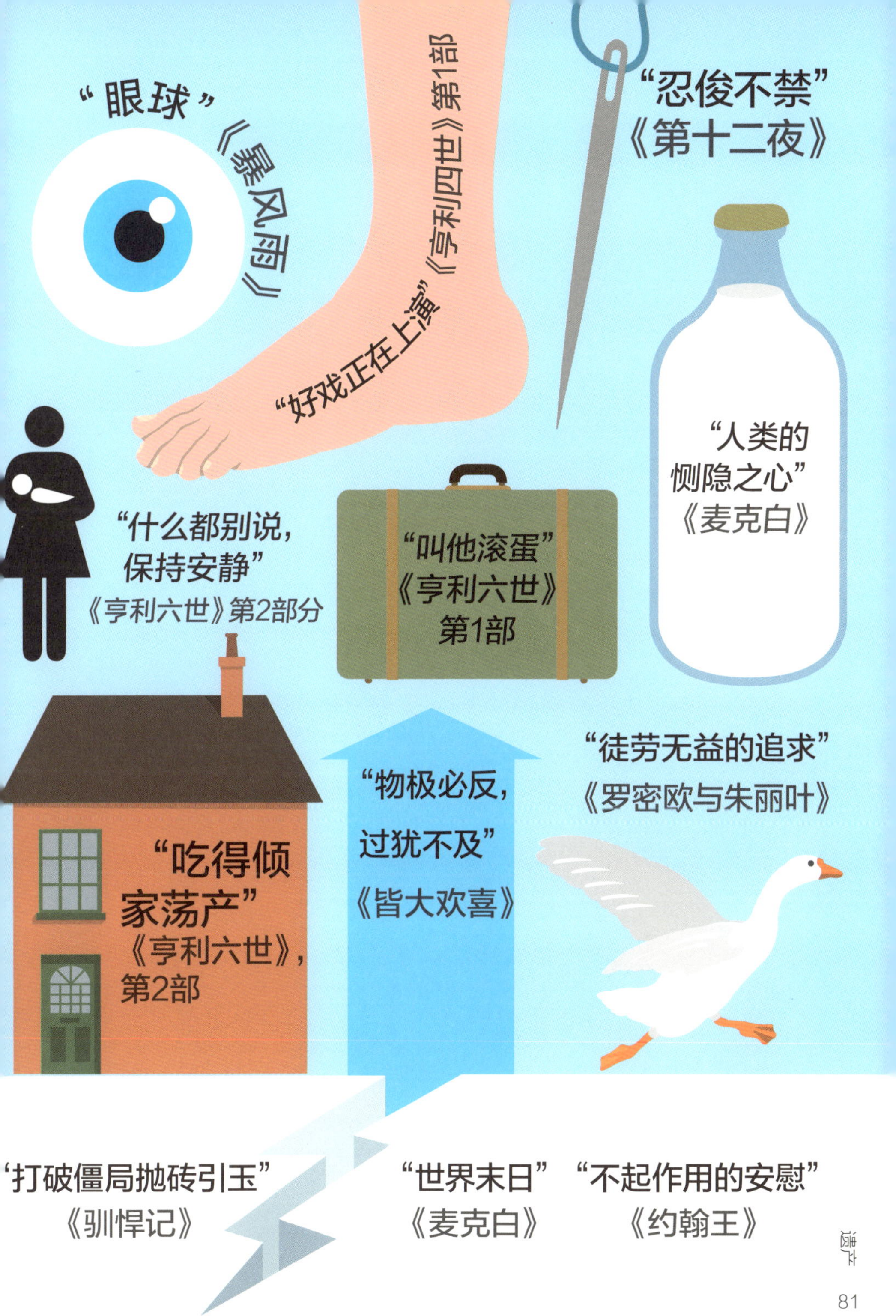

“眼球”《暴风雨》
“好戏正在上演”《亨利四世》第1部
“忍俊不禁”《第十二夜》
“人类的恻隐之心”《麦克白》
“什么都别说，保持安静”《亨利六世》第2部分
“叫他滚蛋”《亨利六世》第1部
“徒劳无益的追求”《罗密欧与朱丽叶》
“物极必反，过犹不及”《皆大欢喜》
“吃得倾家荡产”《亨利六世》，第2部
“打破僵局抛砖引玉”《驯悍记》
“世界末日”《麦克白》
“不起作用的安慰”《约翰王》

第一对开本

如果演员同事约翰·海明斯和亨利·康德尔没有出版第一对开本，把他们同事的36部剧本集齐，那么我们就没有太多莎士比亚的遗产来纪念。他的20本左右的剧作有生之年以四开本出版，但是留存下来的很少。其他18部就随风而逝了。这本献给彭布鲁克和蒙哥马利伯爵以及威廉·赫伯特和菲利普兄弟的第一对开本确实是爱的劳作，因为这本书把莎士比亚剧作可用版本中最好的都集中在一起了，使我们所有人至今仍能一睹为快。

“既不是为利益，也不是为名声，只是为了记住我们的莎士比亚，这个弥足珍贵的朋友和伙伴，为他的‘孤儿’争取监护人。”

——约翰·海明斯和亨利·康德尔，《第一对开本》前言，1623年

莎士比亚一去世，这项艰巨的工作就开始了，总共花了九年时间才完成。海明斯和康德尔并不只是把已有剧本集合在一起，而是从草稿，清样，作者自己的文献，手稿，提词台本以及现存的四开本中收集材料，然后精心分类，整理，修改，编辑，调整和咨询，直到他们确保自己编辑的这36部剧作“修补并完善细枝末节，剩下的就像莎士比亚创作的剧作一样：在数量上占绝对优势。”

750

份
第一对开本
被印刷

234

份

保存至今

6.16

百万美元

2001年
在纽约佳士得拍卖
行成交价

82

份

收藏在华盛顿特区的
福尔杰莎士比亚图书馆

1632

第二对开本 包括超过1700处更正的36部剧作和1首约翰·弥尔顿写的关于莎士比亚的诗。

1663

第三对开本 包括36部剧本和另外7部剧本。

1685

第四对开本 包括和前一版本同样的43部剧本，构成了尼古拉斯·罗的第一部现代版莎士比亚全集（1709）的基础。

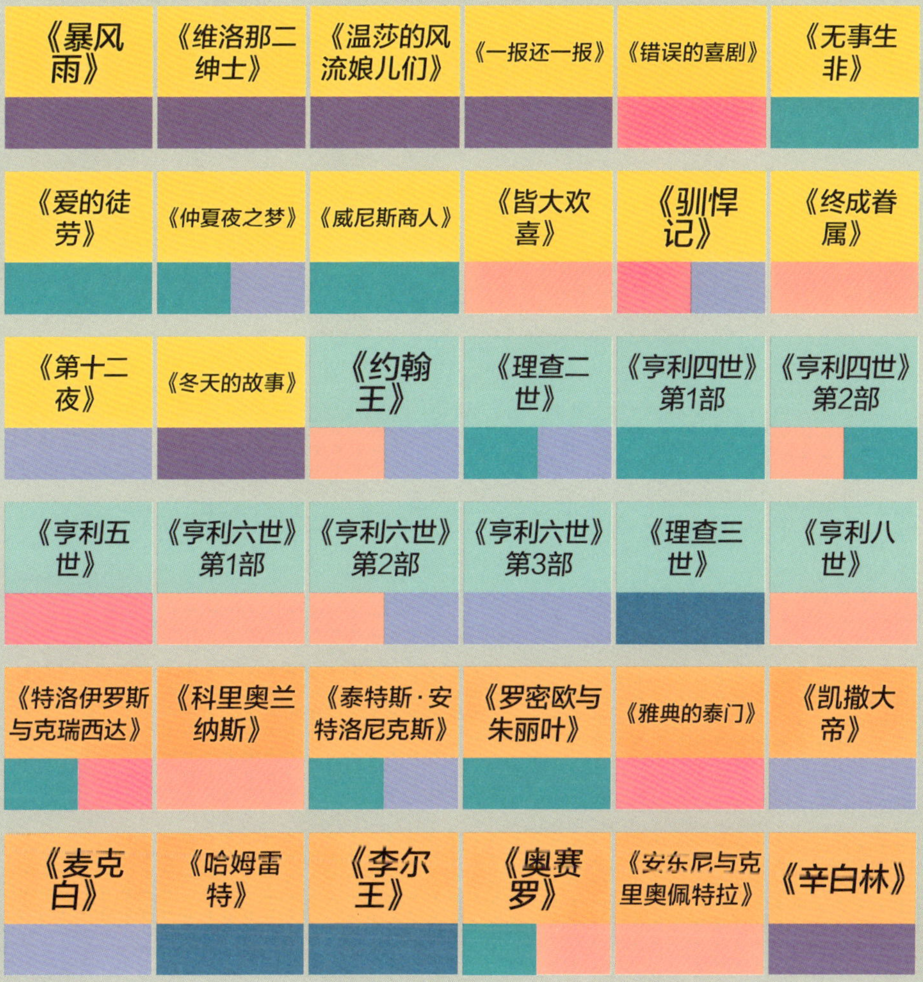

文类

- 喜剧
- 历史剧
- 悲剧

原始来源

- 拉尔夫·克兰抄写给国王剧团的台本
- 草稿
- 手稿
- 提词台本
- 所有来源的综合
- 四开本

荧幕上的莎士比亚

莎士比亚以为他的诗歌是他留下的遗产，实际上剧本才是。不管是在纸面上，舞台上，或者在更通俗易懂的屏幕上（大屏幕、小屏幕或游戏机）。他的作品在他去世四个世纪之后仍然畅销卖座，证明引人入胜的情节和引人注目的人物是永恒的。他的绝大部分剧作现在仍然一版再版，他的作品和生活仍然在养活电影工业。

1178

部

电影和电视作品得益于莎士比亚

《仲夏夜之梦》

《失恋大不同》(2001)

《若世界属于我》(2008)

《第十二夜》

《恋爱中的莎士比亚》(1998)

《足球尤物》(2006)

7
个奥斯卡奖

5700
万全球票房

《罗密欧与朱丽叶》

《西区故事》(1961)

《罗曼诺夫与朱丽叶》(1961)

《爱总如此》(1996)

《罗密欧+朱丽叶》(1996)

10
个奥斯卡奖

147.6
百万全球票房

《傻密欧与茱丽叶》(1996)

罗密欧x 朱丽叶(2007)

《大兵罗密欧》(2011)

《弹雨里的爱情》(2013)

《温暖的尸体》(2013)

莎士比亚是有史以来被搬上屏幕最多的作家。除了许多忠实于原著改编的影视作品以外，还有更多是受剧本启发的再想象作品。以下是其中的一部分。

《麦克白》

《蜘蛛巢城》(1957)
《麦克白》(1971)
《苏格兰场》(2001)
《麦克白》(2003)

《哈姆雷特》

所有剧作中改编最多的

987.5百万的全球票房

《君臣人子小命呜呼》(1990)
《狮子王》(1994)
《海德尔》(2014)

《亨利四世》第1和第2部

《不羁的天空》(1991)
《午夜钟声》(1965)

也受到了《温莎的风流娘儿们》、《理查二世》和《亨利五世》的启发

《奥赛罗》

4个奥斯卡奖

《双重生活》(1947)
《奥赛罗》(1951)
《抓住我的灵魂》(1974)
《奥姆卡拉》(2006)

《驯悍记》

3D版发布，好评如潮。

53.5百万全球票房

《刁蛮公主》(1953)
《我恨你的十件事》(1999)

《暴风雨》

《金沙镇》 (1948)
《禁忌星球》 (1956)
《暴风雨》(1982)
《魔法师的宝典》(1991)

莎士比亚的环球剧院

环球剧院是“宫内大臣剧团”的成员建造并经营和拥有的。从1599年开张以来，上演了莎士比亚所有的剧本，同时也上演了许多其他剧作家的剧本。这座剧院是用老戏院——大剧院的木头建成的。这些成员们拥有大剧院，但并不拥有剧院所在的土地。所以，当房东不肯再续租约时，他们把剧院搬到了泰晤士河畔，河的对岸，就是现在伦敦剧院的土地。剧院经营非常成功，直到1642年清教徒价值观一度盛行，以至于禁止了所有的娱乐。现在位于河畔街的忠实的复制品是美国制片人，同时也是导演和演员萨姆·沃纳梅克的坚定梦想。他1970年开始做环球剧院这个项目，最终于1997年成功开张营业。

老环球剧院

老环球剧院的大小尺寸都是学者们估算出来的。

只在白天营业，演出只在下午进行（除了星期四以外）。

主要在春天和夏天营业。

莎士比亚的环球剧院

莎士比亚环球剧院的大小尺寸是从老的环球剧院复制过来的。

演出在下午和晚上进行。

从五月到十月营业。

莎士比亚环球剧院的第一场演出是《亨利五世》。

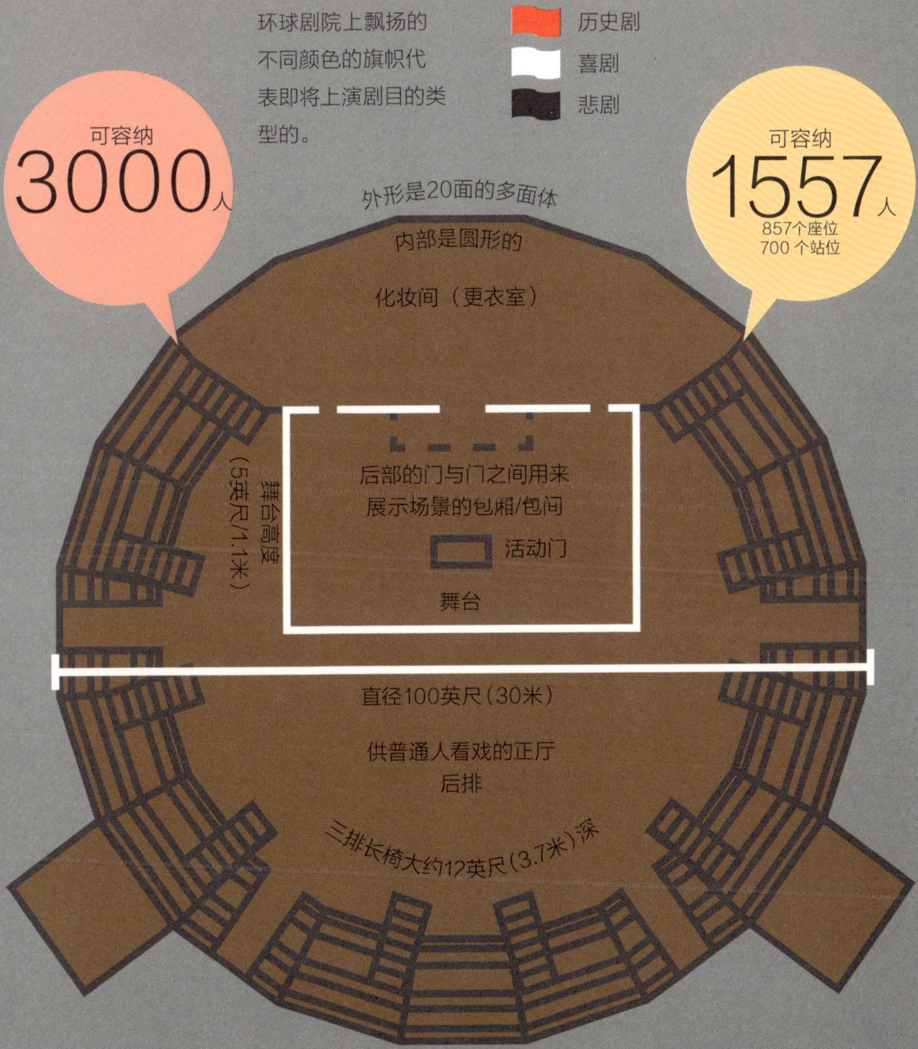

寻找“WH”先生

自从莎士比亚的十四行诗在1609年被印刷出来以后，学者们就一直在痴迷于神秘的“被题献者”“WH”先生的身份。浪漫主义者坚持认为莎士比亚是自己写的献词，而WH先生一定是一个贵族，十四行诗中出现过的“美男子”，或者至少是一个英俊的男演员。实用主义者认为，由于莎士比亚并没有授权印刷，印刷商汤玛斯·索普要么把它献给了一位同行，抓住机会扩大宣传，要么是太匆忙把书印出来以致于犯了一个排字错误。以下诸位或有可能是WH先生。

亨利·里奥谢思利，南安普敦伯爵三世

(1573－1624)

有利因素：1592－94年间他是莎士比亚的赞助人。

不利因素：伯爵不会被称为“先生”。

威廉·赫伯特，彭布罗克伯爵

(1580－1630)

有利因素：他是第一对开本的赞助人和被题献者。

不利因素：伯爵不会被称为“先生”。

威利·休斯

（生卒年月不详）

有利因素：首字母吻合。

不利因素：没有发现任何有关威利·休斯的记录。

威廉·霍尔

（生卒年月不详）

有利因素：众所周知他曾和托马斯·索普共事。

不利因素：与莎士比亚没有关联。

献给下面刊行
的十四行诗的
唯一的促成者
W.H.先生
祝他享有一切幸运
并希望
我们的永生的诗人
所预示的
不朽
得以实现
对他怀着好意
并断然予以
出版的

T.T.

威廉·赫维爵士

（卒于1642年）

有利因素：是里奥谢思利的继父。

不利因素：假定十四行诗的手稿被彭布罗克伯爵夫人收藏，1607年她去世以后把手稿留给了赫维。

印刷商的错误

有利因素：本意是想写“W.S.”或“W.SH”，这样就非常务实地解决了一个本来不可能解决的难题。

不利因素：一个印刷商不太可能会允许在题献页出现这样的拼写错误。

他是谁？一个匿名人士

有利因素：是托马斯·索普杜撰出来用来制造话题因此提高销量——当时小册子中广泛使用的营销手段。

不利因素：与莎士比亚毫无关系。

威廉他自己

（也就是莎士比亚）

有利因素：首字母吻合。

不利因素：这种推论没有学术支持。

威廉·霍尔姆

（卒于1607年）

有利因素：与托马斯·索普有非常紧密的生活和工作联系。

不利因素：这会成为索普题献给一位印刷商同行。

莎士比亚的关键词

《泰特斯·安德洛尼克斯》

马伏里奥

诗人

《仲夏夜之梦》

普鲁塔克

第二好的床

克里奥佩特拉

《暴风雨》

押韵两行诗to be

伊莉莎白一世

普洛斯彼罗

黑女士

河畔街

詹姆斯一世

十四行诗

新居

瘟疫

奥伯龙

主教门

喜剧

你也有份，布鲁图？

生存还是毁灭

《麦克白》

为什么偏偏是你罗密欧？

奥维德

《奥赛罗》

苔丝狄蒙娜·帕克

埃文河的天鹅

宫内大臣剧团

本尼迪克

《哈姆雷特》

奥菲莉亚

《第十二夜》

这是一把短剑吗?

悲剧

安东尼

《李尔王》

《无事生非》

威廉

WH先生

《亨利五世》

莎士比亚

安妮·海瑟薇

若我们精灵有所得罪

国王剧团

无韵诗

《皆大欢喜》

《理查三世》

《罗密欧与朱丽叶》

霍林斯赫德

环球剧院

黑衣修士剧院

这部戏才是最重要的

《威尼斯商人》

不满之冬日

埃文河畔的斯特拉福

小传

伊丽莎白一世
（1533–1503）
伊丽莎白是都铎王朝最后一位君主，于1558年登基，带来了45年的相对繁荣和宽容。她是艺术的热心赞助人，曾下令成立自己的演出团体——宫内大臣剧团——即莎士比亚所在的剧团。

克里斯托弗·马洛
（1564–1593）
马洛是莎士比亚的同代人和朋友，对莎士比亚有重要影响的人物，也是他的职场对手。他创作了“雄伟的诗行”，写下了五部伟大的悲剧。他可能做过间谍，在德特福德酒馆的斗殴中，他离奇身亡，年仅29岁。

弗兰西斯·沃尔辛海姆爵士
（1532–1590）
他是伊丽莎白1573年以来的国务大臣，以“间谍大王”而闻名。他花了很多钱雇用了大量的间谍和密探，以保护女王和王国免受天主教阴谋分子的攻击。

亨利·里奥谢思利，南安普敦伯爵三世
（1573–1624）
他是莎士比亚的赞助人，也很可能是莎士比亚十四行诗中的“美少年”/“WH先生”。他原本一直是伊丽莎白的宠臣，直到1601年他支持一场灾难性的政变。他被囚禁至1603年，直到詹姆斯赦免了他。

威廉·赫伯特
彭布罗克伯爵三世
（1580–1630）
他是玛丽·西德尼的儿子，一个身居要职的朝臣，也是莎士比亚及其他作家的慷慨的赞助人。他是莎士比亚十四行诗中“美男子”/“WH先生”的可能人选，第一对开本就是题献给他和他的弟弟的。

艾德蒙·提尔尼爵士
（1536–1610）
他从1579年起直到去世都担任宴乐官一职。他把职位变成了制度，监督所有皇家娱乐活动，负责戏剧审查并且给合格者颁发执照，而且当瘟疫来袭或平息时负责关闭或重开剧院。

英格兰詹姆斯一世及苏格兰詹姆斯六世（1566-1625）

詹姆斯于1603年登上英国王位，是统治英格兰的斯图亚特王朝的第一任君主，第一次统一了苏格兰和英格兰。他继续秉承皇室赞助艺术的传统，宫内大臣剧团成为了国王剧团。

内德·阿莱恩（1566-1626）

爱德华·内德·阿莱恩是那个时代另一个伟大的喜剧演员，不过，真正帮助莎士比亚登上喜剧舞台的是他出色扮演的亨利六世。阿莱恩主要与海军剧团合作。

理查德·伯比奇（1567-1619）

他是伦敦第一家剧院的建造者詹姆斯·伯比奇的儿子，悲剧演员中的一个超级明星。伯比奇是宫内大臣剧团的终身成员，他的表演才能启发莎士比亚塑造了如此伟大的角色，如哈姆雷特，麦克白，奥赛罗以及李尔王。

威尔·肯普（1560-1603）

他那个时代最著名的喜剧演员，以肢体喜剧和舞蹈闻名。他是宫内大臣剧团的创始人之一，但是在1599年与其他成员闹翻了。莎士比亚塑造了道格勃利和波顿这两个角色来控诉肯普。

玛丽·西德尼·赫伯特彭布罗克伯爵夫人（1561-1621）

她是诗人、剧作家，是菲利普·西德尼的妹妹，威尔顿文化圈的发起人，她有可能委托莎士比亚写了十四行诗的前17首，以催促儿子威廉·赫伯特结婚。

埃德蒙·莎士比亚（1580-1607）

威廉的最小的弟弟，也是唯一一个追随他进入职业演艺生涯的家人。他没有获得同样的成功，也没有他的作品的记录，但是当他去世时，很可能是他的兄弟给他举行了隆重的葬礼。

- 诗人/剧作家
- 演员
- 皇室
- 家人
- 赞助人
- 职业关联

索引

致谢

图片来源说明

出版商非常感谢Shutterstock, iStock images允许在这本书中复制他们的图片。

已尽一切努力确认版权持有人，出版商为任何可能的疏忽而表示歉意。

14 . Shutterstock/boreala.

16 . Shutterstock/Dimec.

20 . Shutterstock/yyang.

21 . Shutterstock/yyang.

25 . Shutterstock/yyang.

39 . Shutterstock/ottoflick.

60 . iStock images.

61 . iStock images.

69 . Shutterstock/nikiteev_konstantin.

71 . Shutterstock/nanovector.

80 . iStock images.